숲에서
인생을
배우다

숲에서 인생을 배우다

숲과 함께한 5년, 나무는 서두르지 않는다

초 판 1쇄 2025년 09월 12일

지은이 김종욱
펴낸이 류종렬

펴낸곳 미다스북스
본부장 임종익
편집장 이다경, 김가영
디자인 윤가희, 임인영
책임진행 이예나, 김요섭, 안채원, 김은진

등록 2001년 3월 21일 제2001-000040호
주소 서울시 마포구 양화로 133 서교타워 711호
전화 02) 322-7802~3
팩스 02) 6007-1845
블로그 http://blog.naver.com/midasbooks
전자주소 midasbooks@hanmail.net
페이스북 https://www.facebook.com/midasbooks425
인스타그램 https://www.instagram.com/midasbooks

ⓒ 김종욱, 미다스북스 2025, Printed in Korea.

ISBN 979-11-7355-490-2 03190

값 21,000원

※ 파본은 구입하신 서점에서 교환해드립니다.
※ 이 책에 실린 모든 콘텐츠는 미다스북스가 저작권자와의 계약에 따라 발행한 것이므로 인용하시거나 참고하실 경우 반드시 본사의 허락을 받으셔야 합니다.

미다스북스는 다음세대에게 필요한 지혜와 교양을 생각합니다.

숲에서 인생을 배우다

숲과 함께한 5년,
나무는
서두르지 않는다

김종욱 지음

미다스북스

국립수목원 계수나무 모수

귀룽나무

독일가문비나무

벚나무와 개망초

비술나무

자작나무

잣나무와 까막딱따구리

상수리나무

들어가며

봄이 되면 우리 주변의 나무들이 일제히 깨어난다. 겨우내 잠들어 있던 가지 끝에서 연둣빛 새싹이 돋아나고, 어느새 푸른 잎으로 무성해진다. 4월 초부터 시작되는 이 과정을 지켜보면 자연이 얼마나 효율적이고 체계적으로 운영되는지 새삼 놀라게 된다. 겨우내 앙상한 가지만 남았던 모든 식물들이 연녹색으로 갈아입고 새 생명이 움트는 이 계절이 나는 좋다.

봄에 깨어난 나무는 매우 바쁜 일정을 소화한다. 짧은 기간 안에 꽃을 피우고 열매를 맺어 후손을 남기기 위한 씨앗을 준비해야 한다. 불과 몇 달 사이에 벌어지는 이 모든 과정은 정말 치열하다. 변덕스러운 날씨와 해충의 공격을 견디면서도 자신이 해야 할 일을 묵묵히 해낸다. 식물은 이 제한된 시간 안에 생존과 번식이라는 본능적 과업을 완수하고 겨울을 맞이한다.

우리는 흔히 삶이 힘겹다고 투덜거린다. 언제나 뭔가 부족한 듯한 기분에 시달리며 조금만 더 여유가 있으면 좋겠다고 생각한다. 다른 사람이 가진 것을 보면 부러움이 앞서고, '조금만 더 있으면 좋을 텐데', '왜 나는 열심히 일하는데 이렇게 가난한가', '왜 나는 주위 사람들에 비해 불행한가?'라며 스스로를 괴롭힌다. 이미 가진 것이 충분한데도 더 소유하고 싶어 하고, 남과 비교하며 세상을 불평한다.

그런데 숲속에서 만나는 나무들은 다르다. 비록 자신이 가진 것이 옆의 나무보다 적더라도 불평하지 않는다. 나무는 주어진 환경에 감사하며 늘 최선을 다하는 모습을 보여준다. 자신에게 주어진 조건에서 하루하루 최선을 다하면서 생존을 이어 나간다.

우리는 종종 '내가 가진 것으로는 누구에게도 베풀 수 없다'고 말한다. 하지만 숲해설가로서 여러 식물을 관찰해 보면, 식물들이 반드시 넘쳐 날 정도로 많은 에너지를 가져야만 베푸는 것이 아님을 확인하게 된다. 아주 작은 풀 한 포기조차도 조그만 씨앗을 만들어 곤충이나 새들에게 양분을 제공한다. 잎사귀나 뿌리에 영양을 축적했다가 일부 동물에게 나누어 준다. 식물은 참으로 부지런하다. 해마다 짧은 시간에 열심히 광합성을 해서 새로운 에너지를 생산하고, 이 에너지를 적절히 배분해서 자신의 몸도 키우고 후손을 위한 꽃과 씨앗도 만든다. 그리고 남는 에너지는 여러 형태로 저장해서 사람을 비롯한 여러 동물과 곤충들에게 베푼다.

놀라운 것은 그 저장 에너지를 다른 생물체에게 기꺼이 나누어 주면서도 정작 식물 자신은 부족함을 느끼지 않는다는 점이다. 오히려 그렇게 베푸는 과정에서 곤충이나 새를 불러들여 더 나은 생태계 순환 구조를 만들어 낸다. 식물들의 나눔은 단순한 손실이 아니라 더 큰 생태적 이익을 창출하는 투자인 셈이다.

과연 '여유'란 무엇일까. 많은 것을 가진 부자들도 우리 주변 어려운 이웃에게 선뜻 베풂을 실천하지 않는다. 하지만 어떤 사람은 가진 것이 별로 많지 않아도 누군가를 돕고자 한다. 식물들은 여유가 넘쳐서 무언가를 베푸는 것이 아니다. 자신이 가진 범위 안에서 최선을 다해 생장한 뒤 그 일부를 내놓는다.

숲을 거닐다 보면 '숲과 나무가 우리에게 너무나 많은 것을 나누어 준다'는 것을 느끼게 된다. 나무 그늘에 앉아 숨을 고르고 있으면 나무가 뿜어내는 맑은 산소와 시원한 그늘에 마음이 절로 편안해진다. 비록 나무 스스로 제한된 에너지를 쓰면서 살지만, 그 한정된 자원으로 잎도 키우고 줄기도 자라며 열매와 씨앗을 맺어 동물들에게 먹을거리를 제공하고 우리에게 숲의 신선하고 깨끗한 공기를 선물한다.

숲에는 다양한 생물종이 공존하며 살아간다. 커다란 소나무부터 작은 풀 한 포기에 이르기까지 서로 다른 생태적 지위를 가지고 살아가지만, 경쟁과 공존이 동시에 이뤄진다. 이들의 생존 전략은 각각 다르지만 공통점은 '지속 가능한 균형'을 추구한다는 것이다. 나무가 스스로 가지를 솎아내고 광합성을 극대화할 수 있는 환경에 뿌리를 내리면서 동물들에게 서식처와 먹이, 그리고 깨끗한 공기를 제공하는 광경은 언제 보아도 경이롭다.

우리는 종종 '더 큰 것, 더 많은 것'을 원하지만 그렇게 탐하는 사이에 진정 소중한 것을 놓치기도 한다. 무조건적인 확대와 팽창, 끝없는 욕망은 결국 우리 스스로를 갉아먹는다.

숲은 다양한 생명이 얽혀 있는 거대한 사회와도 같다. 그리고 그 사회의 구성원인 나무들은 어느 것 하나 무심하게 존재하는 법 없이 치열하면서도 질서 정연하게 살아간다. 바로 그 모습에서 우리 인간이 욕망의 방향을 다듬고 스스로 한계를 인정하며, 헛된 경쟁이 아닌 협력과 순환으로 나아갈 방법을 배울 수 있다. 평생을 묵묵히 자리를 지키며 뿌리 내린 곳에서 자라나고 그곳을 떠나지 못하는 나무가 어쩌면 인간보다 더 많은 것을 받아들이고, 나아가 적절하게 비워 내는 삶의 묘미를 알고 있는지도 모른다. 나무가 보여주는 '균형 있는 삶'은 비단 숲속에서만 통하는 이야기가 아니라 우리 일상을 새롭게 바라보는 중요한 관점이 될 수 있다.

사람 사는 세상은 얽히고설킨 관계가 많다. 누구는 상대적으로 더 많은 것을 누리기도 하고 누구는 상대적으로 적은 것을 갖고 있기도 하다. 비교가 일상화된 사회에서 자신이 받은 것보다 더 많이 베푸는 사람도 있는가 하면, 가진 것이 많은데도 불구하고 마음 한구석이 늘 빈 듯한 사람도 있다. 이러한 모습 속에서 우리가 나무에게서 배울 수 있는 점은 얼마나 가졌느냐보다 어떤 삶의 원칙을 가지고 살아가느냐가 더 중요하다는 사실이다. 지금 가진 것이 적더라도 나무처럼 그 안에서 최선을 다해 생장하고 에너지를 효율적으로 쓰며, 때로는 내어줄 줄 아는 마음이 있다면 그것만으로도 삶은 훨씬 풍요로워진다.

나무가 가르쳐 주는 균형의 지혜를 통해 우리도 더 충실하고 의미 있는 삶을 살아갈 수 있을 것이다. 나는 오늘도 숲속의 나무에게서 많은 것을 배운다. 숲속에서 풀과 나무와 함께한 지난 5년. 식물은 나에게 너무나 많은 것을 베풀고 수많은 깨우침을 주었다. 이 책을 통해 모든 사람들이 식물, 숲과 나무의 소중함을 알았으면 한다.

끝으로 이 책의 출간을 위해 도움을 준 박선규 전 문화체육관광부 차관과 예쁜 책을 만들어 준 미다스북스 류종렬 대표, 이다경 편집장에게 감사드린다. 그리고 숲이 좋아 숲속으로 달려가는 나를 이해해 준 나의 아내에게도 감사한다.

2025년 여름 남양주에서

목차

들어가며　012

제1장 나무는 스스로 살아간다

1. 나무는 주변에 흔들리지 않는다　　023
　　- 욕심과 비교를 버리고 함께하는 삶

2. 나무는 서두르지 않는다　　034
　　- 천천히 가도 결코 멈추지 않는다

3. 혼자 힘으로 꿋꿋이 살아간다　　045
　　- 적응과 변화로 나만의 길을 찾는다

4. 버텨야 할 때는 끝까지 버텨야 한다　　057
　　- 포기하고 싶은 순간 피어나는 꽃

5. 움직일 수 없다면 어떻게 살아남는가?　　067
　　- 보이지 않는 전쟁, 다층방어와 공진화

6. 나무의 마음, 심재처럼 살다　　078
　　- 심재가 가르쳐 주는 사랑의 철학

제2장 식물은 자신만의 때를 기다린다

1. 누가 뭐래도 나만의 방식대로 산다　　089
　　- 경쟁하면서 공존하는 숲

2. 비우고 느리게 사는 삶, 시간을 이긴다　　100
　　- 100년에 3센티미터, 부르셀라 소나무

3. 더불어 살아가는 숲의 지혜　　111
　　- 에너지 순환으로 완성하는 숲 생태계

4. 시련을 견디며 다가오는 봄을 준비한다   121
    - 혹독한 추위 속에서 꿈꾸는 미래

5. 자신은 스스로 지켜야 한다   130
    - 위기를 기회로 바꾸는 식물

6. 물러남 그리고 새로운 시작   143
    - 아름다운 마무리가 주는 여운의 힘

제3장 다양성이 만드는 아름다운 세상

1. 우리는 조금 달라도 되지 않을까?   155
    - 다양성 속에서 발견하는 공존의 아름다움

2. 익숙함을 벗어나야 비로소 성장한다   165
    - 변화를 두려워하지 않는 용기

3. 세상에 똑같은 꽃은 없다   176
    - 나만의 방식으로 후손을 남긴다

4. 보이지 않는 숲속 대화, 나무도 언어가 있다   184
    - 향기로 전하는 나무들의 소통법

5. 숲속의 생존 마스터, 나무들의 생존 전략   195
    - 움직이지 않고도 살아남는 법

6. 숲에서 깨달은 행복과 여유   206
    - 필요한 만큼만 취한다

제4장 진화와 혁신, 쉼 없이 나아간다

1. 작은 나뭇잎이 기적을 만들어 낸다   219
    - 무에서 유를 창조하는 나뭇잎

2. 꽃은 자신이 피어날 시간을 선택한다   230
    - 자신만의 타이밍으로 경쟁한다

3. 개방할 것인가? 전문화할 것인가?   243
   - 거대 패밀리 국화과와 난초과 식물

4. 혁신하지 않으면 도태된다   254
   - 식물의 진화는 끊임없는 혁신의 역사

5. 식물도 근친결혼을 피한다   264
   - 유전적 다양성을 위한 치밀한 계획

제5장 무한한 가능성을 품고 떠나라

1. 씨앗은 시간 여행자이자 자연의 타임캡슐   277
   - 시공간을 뛰어넘는 생명의 마법

2. 씨앗은 결코 수동적이지 않다   287
   - 씨앗이 보여주는 방어와 이동의 기술

3. 포기는 없다, 기다리고 도전하라   298
   - 차례가 올 때까지 기다린다

4. 가을 숲 빨간 열매의 메시지   307
   - 이제 먹어도 좋다, 자연이 보내는 신호

제1장

나무는 스스로 살아간다

나무는 남의 눈치를 보지 않고 자신만의 길을 간다.
주어진 환경을 탓하지 않고 최선을 다하며,
때로는 희생하고 배려하면서 생명을 이어 간다.

1. 나무는 주변에 흔들리지 않는다

욕심과 비교를 버리고
함께하는 삶

"우리가 무엇을 얻기 위해 치르는 대가는 결국 그것을 위해 소모하는 인생의 일부가 된다."

The price of anything is the amount of life you exchange for it.

— 『월든』, 헨리 데이비드 소로(Henry David Thoreau)

어느 날 문득 '나는 왜 이렇게 가진 게 적을까'라는 생각이 들 때가 있다. 뉴스나 소셜 미디어를 통해 다른 사람들의 눈부신 성취를 볼 때면 나의 부족함이 부각되어 마음이 불편해지기도 한다. 경쟁이 치열한 현대 사회에서 이런 감정은 어쩌면 자연스러운 현상이다. 하지만 잠시 일상을 멈추고 숲길로 발걸음을 돌리면, 묵묵히 뿌리 내린 나무들이 질투나 경쟁심 없이 각자의 자리에서 평온하게 서 있는 모습을 마주하게 된다.

우리는 흔히 '남과 비교하지 말라'는 말을 귀가 닳도록 듣는다. 하지만 막상 일상으로 돌아오면 학교 직장 심지어 인간관계에서도 끊임없이 다른 누군가와 자신을 견주게 된다. 이 경쟁과 비교 의식이 때로는 발전의 동력이 되기도 하지만 지나치면 스스로를 소모시키고 깊은 좌절감을 안겨 주기도 한다. 반면 나무들은 같은 숲에 빼곡히 들어서 있으면서도 저마다의 방식으로 햇살을 받고 물과 양분을 흡수해 살아간다. 제한된 공간에서 저마다 뿌리를 뻗으면서도 옆 나무를 무너뜨리거나 그 자리를 빼앗으려 애쓰는 모습은 보이지 않는다.

과도한 소유욕은 나를 불편하게 한다

사람들은 보통 '조금만 더 있었으면 좋겠다'는 마음을 품고 산다. 시간이 더 있었으면 좋겠고 돈이 더 많았으면 좋겠고 능력이 더 뛰어났으면 좋겠다고 바란다. 그러나 이러한 '더'에 대한 갈망은 끝이 없어서 때때로 스스로를 지치게 만든다.

미국의 자연주의 작가인 소로우는 이렇게 말했다. "사람들은 호화로운 상자를 빌려 살면서 그 대금을 치르느라 죽을 고생을 하고 있다. 대부분의 사람들은 이웃 사람들이 소유하고 있는 정도의 집은 나도 가져야겠다고 생각한 나머지 가난하게 살지 않아도 될 것을 평생 가난에 쪼들리며 살고 있다."

실제로 그렇다. 우리는 집에 억눌려 살고 있다. 집에 있는 수많은 물건을 보다 보면 '과연 이 물건들이 내게 모두 다 필요한 것일까?'하는 의문이 들

때가 많다. 우리가 삶을 살아가는 데 있어 그리 많은 것이 필요하지 않다. 우리가 집에 쌓아 놓고 있는 물건 대부분은 어디에 무엇이 있는지도 모른 채 평생 나의 짐이 되는 경우가 많다. 장롱 속에 숨겨져 있는 나도 모르는 옷들, 평생 한 번도 읽지 않을 것 같은 수많은 책들, 심지어 냉장고 깊숙이 무엇이 숨겨져 있는지로 모를 식품들, 그리고 쓰임새도 잊어버린 크고 작은 전자 기기들, 너무나 많은 것들을 쟁여 놓고 있으면서도 우리는 부족함을 탓한다.

하지만 나무는 우리와 다르다. 나무를 자세히 들여다보면 환경이 그리 좋지 않아도 묵묵히 거기에 맞춰 살아가는 모습을 발견하게 된다. 광합성에 필요한 빛이 부족한 그늘진 지역에 자리 잡은 나무라면 잎의 면적을 좀 더 넓히거나 뿌리를 깊게 내려 조금이라도 많은 양분을 흡수하려 노력한다. 척박한 땅에 뿌리를 내렸다면 그 제한된 양분 안에서 살아남을 수 있는 최소한의 전략을 사용한다.

척박한 땅에서도 꽃피우는 생존 전략

결국 중요한 것은 '부족함' 자체가 아니라 그 부족함을 받아들이면서도 살아갈 방도를 찾는 태도일 것이다. 혹독한 자연환경에서 살아가는 나무들을 살펴보면 이들이 얼마나 적응에 능숙한지 새삼 감탄하게 된다. 사막에서 만날 수 있는 선인장류는 잎을 가시 형태로 바꿔 물 손실을 최소화하고 줄기나 몸체를 두껍게 만들어 내부에 수분을 저장하는 방식을 택한다. 거칠고 건조한 땅에서도 '이 환경이 나쁘니 안 되겠다'라고 포기하지 않고 오히려 스스로 몸의 구조를 바꾸어 가며 살아남는다.

큰나무와 어린 묘목

　북극권의 왜소한 관목들도 마찬가지다. 혹독한 추위와 짧은 여름이라는 제약 속에서 극도로 낮은 키를 유지해 지면의 열기를 조금이라도 더 활용하고 또 잎을 적게 만들어 겨울철에 에너지를 아끼며 버텨 낸다. 이들은 자신의 '부족함'을 한탄하기보다는 그 조건 속에서 어떤 방식으로든 생을 이어갈 전략을 마련한다.

　숲속을 산책하다 보면 무수히 많은 나무들이 하늘을 향해 팔을 뻗고 서 있지만, 그 누구도 이웃의 잎사귀를 시기 어린 눈으로 바라보거나 더 높이 자라려고 발버둥 치는 모습은 보이지 않는다. 물론 식물들도 햇살 한 줄기,

빗방울 한 방울, 흙 속 영양분 한 톨을 놓고 조용한 경쟁을 벌인다. 하지만 이들의 경쟁은 상대를 뿌리째 뽑아 버리거나 자신을 태워 없애는 치열한 전쟁이 아니다. 숲의 모습은 마치 오케스트라의 연주자들처럼 각자의 자리에서 조화로운 선율을 만들어 내는 공존의 예술이다. 진정한 승리는 홀로 우뚝 서는 것이 아니라, 함께 숲을 이루며 더 큰 생명의 교향곡을 완성하는 것임을 나무들은 알고 있는 것 같다.

파괴가 아닌 상생을 선택하다

숲속의 세계에는 키 큰 나무가 작은 나무를 내려다보는 위압적인 위계질서나 침엽수와 활엽수가 서로 등을 돌리는 다툼이 존재하지 않는다. 100년 된 소나무가 갑자기 숲의 왕으로 행세하면서 '나와 다른 생각을 가진 나무들은 모두 뿌리를 뽑고 이사 가시오'라며 이웃들을 내쫓는 코미디 같은 일은 벌어지지 않는다. 그들에게는 오직 함께 평화로운 숲을 가꾸어 가는 공존만이 있을 뿐이다.

숲속 나무들은 오랜 시간에 걸쳐 뿌리를 내리고 자리 잡으며 서로가 만들어 내는 그늘과 습도의 변화를 받아들이고 곤충이나 미생물을 함께 공유한다. 한편으로 나무들은 곰팡이나 뿌리 세균과 같은 미생물과 공생하여 양분을 얻고 곤충이나 새들을 유인해 꽃가루를 옮기거나 씨앗을 퍼뜨리며 삶의 터전을 확장한다. 이런 과정을 지켜보면 '네 것이면 내 것이고 내 것도 결국 언젠가는 네 것이 될 수 있다'는 자연의 순환 원리가 순리대로 흘러가고 있는 모습이 느껴진다.

넉넉하지 않아도 베푸는 마음

'가진 것이 적어서 도와주지 못한다'는 이야기는 우리 주변에서 흔히 들을 수 있는 변명이다. 그러나 실제로 나눔과 봉사를 실천하는 사람들을 보면 반드시 부유층만이 참여하는 것은 아님을 알 수 있다. 오히려 기부나 봉사에 열심인 이들 중에는 아주 평범한 삶을 사는 분들도 많다.

숲을 살펴보면 나무들이 그리 넉넉해서 동물들에게 먹을 것을 나눠 주는 것이 아님을 깨닫게 된다. 광합성을 통해 스스로 만들어 낸 에너지를 최대한 효율적으로 쓰는 동시에 남은 부분으로 열매나 씨앗을 맺고 꽃을 피워 생태계와 공유한다. 또 나무가 자라면서 떨어뜨린 잎과 가지는 땅으로 돌아가 다른 생명체가 양분을 얻도록 돕는다. 이는 '베풂'이란 결국 '마음가짐과 우선순위'의 문제라는 사실을 깨우쳐 준다. 숲 생태계에서는 꼭 남아도는 것만 베풀어야 하는 것이 아니라 있는 자원을 효율적으로 사용하여 충분히 이웃들에게 기여하는 것이 가능하다는 것을 보여주고 있다.

생태학자들이 숲을 연구하다 보면 나무가 쓰러진 후에도 그 뿌리가 인접 나무들과 연결되어 영양분과 수분을 공유하는 현상을 자주 발견한다. 큰 나무가 쓰러져도 주변 나무들과 뿌리를 통해 연결해 남아 있는 양분이 전달되어 작은 묘목들이 자라날 수 있는 토대를 마련해 주는 것이다. 이렇듯 숲은 결코 이기적인 개체들만 모여 있는 무질서한 공간이 아니다. 오히려 서로 다른 생물들이 유기적으로 맞물려 '나눔'과 '순환'을 통해 공존하는 시스템이다. 파괴적으로 경쟁하기보다는 서로를 돕는 측면도 강하다. 덕분에 숲 전체가 안정적으로 유지되고 풍부한 생물다양성이 꽃피울 수 있다.

다양성이 건강한 공동체를 만든다

우리의 일상은 어떨까. 어느 인터넷 동영상 속 성공 스토리나 뉴스를 보면서 혹은 소셜 미디어에서 화려한 생활을 뽐내는 친구들을 보면서 나 스스로를 평가하게 된다. '나는 왜 이렇게 능력이 없을까' '나는 왜 저만큼 갖지 못했나'라는 자책이 시작되고 부러움이 때론 질투로 바뀌기도 한다. 이는 심리적으로도 큰 부담을 초래해 결국 무기력감으로 이어질 때도 많다.

현대 사회에서는 '경쟁'을 마치 생존의 필수 요건처럼 강조한다. 그러나 지나친 경쟁은 결국 일부 사람들을 낙오시키고 그 폐해가 곧 우리 사회 전체의 문제로 돌아오기도 한다. 만약 숲속 나무들이 지나친 경쟁으로 특정 종만 살아남게 된다면 숲은 점차 생물다양성을 잃어버리고 결국 황폐화될 것이다. 오히려 다양한 종이 어우러지고 서로 다른 높이와 역할을 맡아줌으로써 숲이 건강하고 풍요롭게 유지된다.

인간 사회에서도 마찬가지다. 서로 다른 재능과 개성을 가진 사람들이 함께 협력하고 때론 부족한 부분을 보완해 주는 관계가 만들어질 때 비로소 '함께 자라는' 공동체가 형성된다. 한 격언에 따르면 '비교는 기쁨의 도둑'이라고 했다. 다른 사람과 자신을 비교하는 순간 우리는 고유한 빛깔과 가치를 잃어버리고 외부 기준에 더욱 쉽게 휘둘리게 된다. 소셜 미디어가 등장한 이후 우리는 언제 어디서나 타인의 삶을 엿볼 수 있게 되었고 자연스럽게 비교의 늪에 빠져들기 쉬워졌다. 하지만 우리가 보는 것은 사실 누군가의 인생에서 가장 아름다운 몇 장면만 골라 편집한 장면에 불과하다. 진정한 만족은 남과의 경주에서 이기는 것이 아니라 어제의 나보다 한 걸음 더 나아간 오늘의 나를 발견하는 데 있다.

주어진 환경에서 최선을 다하는 삶

나무가 한자리에 서 있다는 사실은 그리 독특해 보이지 않을 수 있다. 하지만 나무가 그 자리에 굳건히 뿌리를 내리고 사계절을 견디는 과정은 엄청난 노력이 뒤따르는 일이다. 땅속으로 뿌리를 깊이 뻗어야 넘어지지 않고 태풍이나 폭우가 와도 견딜 수 있다. 봄이 오면 순을 틔우고 여름에는 왕성히 광합성을 하며 가을이 되면 잎을 물들이고 겨울에 에너지를 비축해 다음 계절을 준비한다.

안동 하회마을 느티나무(수령 600년)

인생에서도 비슷한 단계를 거치며 '나만의 뿌리'를 찾아가는 과정이 필요하다. 잠시 화려해 보이는 선택지에 현혹되지 말고 내게 맞는 길을 더듬어 가며 꾸준히 경험과 지식을 쌓는 것이다. 그 과정은 때때로 지루해 보이기도 하지만 땅속으로 뻗은 뿌리가 깊을수록 겉으로 드러나는 삶도 안정되고 풍성해지는 법이다. 우리가 매일 24시간을 공평하게 부여받고 있다는 사실을 생각해 보자. 문제는 그 시간을 어디에 쓰느냐는 것이다. 하루 중 단 30분 만이라도 내가 진정 원하는 목표나 누군가에게 줄 수 있는 도움에 투자할 수 있다면 우리의 삶의 질은 훨씬 달라질 것이다.

나무들이 외부에서 추가적인 '영양 보충'이나 '이식 수술'을 거의 받지 않고도 스스로 서 있는 것처럼 우리 역시 이미 가지고 있는 재능이나 자원 혹은 작은 기회들을 어떻게 활용하느냐에 따라 다른 인생이 펼쳐질 수 있다. 숲해설가의 눈으로 바라본 나무들은 늘 그 자리에 묵묵히 서 있으면서도 계절마다 색다른 아름다움을 선사한다. 차가운 겨울을 견디다가도 봄이면 새싹을 틔우고 여름에는 울창한 녹음을 만들어 주며 가을이 되면 다양한 색으로 물들어 사람들의 눈을 즐겁게 한다.

어느 순간 이 당연해 보이는 자연의 흐름이 사실은 얼마나 대단한 힘과 지혜의 결과인지를 깨닫는다면 우리도 자신 안에 있는 '생명의 뿌리'를 돌아보게 될 것이다. 다른 나무를 질투하거나 부러워하지 않는 숲의 풍경은 치열한 경쟁 속에서 지친 우리에게 잔잔하지만 깊은 울림을 전해 준다. 물론 인간이 살아가는 현실과는 조건이 다르다고 말할 수도 있다. 그럼에도 불구하고 숲은 '비교'와 '질투'에 에너지를 소모하기보다 '주어진 환경에서 자신을 최대로 펼치는 일'에 집중하는 삶의 태도가 얼마나 가치 있는지를 일깨워 준다.

 혹시라도 '왜 나는 이 정도밖에 안 될까?'라고 자책하거나 '왜 저 사람만 저렇게 잘나갈까?'라고 남을 부러워하는 순간이 찾아온다면 잠시라도 숲과 나무들을 떠올려 보면 어떨까.

포플라나무

2. 나무는 서두르지 않는다

천천히 가도
결코 멈추지 않는다

"조급해하지 말라. 작은 이익을 보지 말라. 조급해하면 성취하지 못하고, 작은 이익을 보면 큰일을 이루지 못한다."
無欲速, 無見小利. 欲速則不達, 見小利則大事不成.

— 「논어(論語)」「자로편(子路篇)」 공자

얼마 전 모처럼 시간을 내어 3년여 전 전면 개방된 청와대와 서울 한복판에 위치한 우리나라의 대표적인 고궁인 창덕궁, 창경궁의 숲을 둘러보았다. 개방되기 전 70년이라는 긴 세월 동안 대한민국 최고 권력자들이 머물렀던 청와대는 단순히 정치의 무대가 아니었다. 그곳은 5만 그루가 넘는 나무들로 이루어진 거대한 녹색 생명체들의 공간이기도 했다. 이 특별한 공간은 어떤 수목원보다도 풍성하고, 어떤 정원보다도 의미가 깊었다. 청와대에는

200여 종이 넘는 다양한 수종의 나무들이 곳곳에 자리 잡고 있다. 그중에는 역대 대통령들이 기념으로 심은 나무들도 많았다. 청와대 나무들은 정치적 격변의 순간들을 묵묵히 지켜보며 수많은 이야기를 품고 있어 더욱 흥미로웠다. 이제 새 정부에서 청와대의 기능은 또다시 예전의 역할을 하게 될 것이다. 하지만 그곳의 나무들은 변함없이 뿌리를 내리고 자리를 지키며 대한민국의 어제와 오늘, 그리고 내일의 역사를 나이테에 새겨 나갈 것이다.

청와대 반송

창덕궁 후원도 지난 수백 년 자리를 지키면서 조선 왕조의 흥망성쇠를 지켜본 나무들로 신비로운 공기가 감돌았다. 수령 300년을 훌쩍 넘긴 은행나무와 느티나무, 갈참나무, 그리고 향나무들이 아름답게 조화를 이루고 있다. 이 나무들은 수많은 궁중 비사를 모두 알고 있는 듯 그 무게가 온몸으로 느껴졌다. 창경궁에는 단풍나무와 회화나무, 벚나무가 어우러져 압도적인 위엄을 뽐내고 있다. 궁궐의 나무들은 역사의 소용돌이를 알고 있으면서도 묵묵히 자리를 지키고 있다.

그렇다. 지구상에서 가장 꾸준하고 묵묵한 존재를 꼽으라면 단연 나무이다. 나무는 계절의 변화를 느끼며 때에 맞춰 잎을 틔우고 꽃을 피우며 열매를 맺는다. 번잡스럽거나 허둥대는 법이 없다. 현대인들이 무수한 자극과 비교 속에서 앞만 보며 달려가는 모습과는 사뭇 다르다. 이 시대를 살아가는 우리에게 나무가 전하는 메시지는 명확하다. 서두르지 않으면서도 꾸준히 성장하는 것이야말로 진정한 성공의 비결이라는 것이다. 빠른 성과와 즉각적인 만족을 추구하는 현대 사회에서 나무의 느린 성장은 새로운 삶의 철학을 제시한다.

빨리빨리 문화가 남긴 교훈

한국 사회는 급격한 산업화 과정에서 빨리빨리 문화가 깊이 뿌리내렸다. 이러한 문화는 분명한 성과를 가져다주었다. 한강의 기적으로 불리는 경제 발전이 대표적인 예이다. 고속도로를 건설하고 신도시를 조성하며 세계가 주목할 만한 성장을 이루어 냈다. 하지만 우리 경제가 고도성장을 이뤄 낸 시간을 되돌아보면 너무 서둘렀던 대가도 만만치 않았다. 급하게 지어진 도로나 건물들은 내구성 문제에 시달렸다. 고속도로 보수 비용이 초기 건설 비용을 넘어서는 역설적 상황도 발생했다. 주거 환경의 핵심인 아파트 역시 빠른 개발로 인해 다른 나라 건축물에 비해 수명이 짧다는 지적을 받고 있다. 미래를 충분히 고려하지 않은 채 눈앞의 성과만을 추구한 결과였다.

현대를 살아가는 우리들은 사회 구조의 변화와 빨라진 기술 발전에 조급함을 느끼게 된다. 학교에서 시작된 비교와 경쟁은 성인이 되어서도 계속된다. 소셜 미디어는 타인의 화려한 면만을 보여주어 자신만 뒤처지는 것 같은 착각을 불러일으킨다. 남보다 늦으면 낙오자가 되는 것은 아닌지 하는 불안감이 마음 깊이 자리 잡는다.

뿌리 깊은 나무가 바람에 흔들리지 않는 이유

나무의 성장은 우리 인간 사회와는 너무나 다르다. 식물들은 옆 나무의 영양분을 빼앗지 않는다. 자신의 잎에서 광합성을 통해 만든 탄수화물과 포도당으로 몸을 키우고 후손을 남긴다. 남에게서 무언가를 빼앗아야만 성장할 수 있다고 믿는 인간의 경쟁적 시각과는 다르다. 나무는 주어진 환경에서 스스로 길을 찾는다. 햇빛이 부족한 음지에서도 자라고 척박한 토양에서도 견딘다. 환경을 탓하기보다는 뿌리를 더 깊이 내리거나 잎을 넓게 펼쳐 광합성을 극대화한다. 성장이 느리더라도 자신만의 방식으로 살아남을 길을 개척한다.

　나무의 성장에는 나름의 계획이 있다. 봄에는 싹을 틔우고 여름에는 무성한 잎으로 에너지를 축적한다. 가을에는 잎을 떨구며 남은 에너지를 줄기와 뿌리에 저장한다. 겨울에는 새로운 봄을 준비하며 휴면 상태에 들어간다. 오랜 세월 터득한 적정한 속도로 움직이기 때문에 조급해 보이지 않는다. 빠르게 자란다고 해서 더 건강하거나 수명이 길어지는 것은 아니다. 오히려 너무 빠른 성장은 줄기를 부실하게 만들고 해충에 약하게 만든다. 적절한 속도로 성장하며 제때 휴식을 취하고 중요한 순간에 영양분을 적절히 사용하는 나무가 장수한다.

　열대 우림에 사는 나무들을 연구한 프랑스의 생물학자 프란시스 할레는 "나무는 시간을 다르게 산다."고 말했다. 인간이 하루하루를 세는 동안 나무는 계절을 센다. 나무는 수십 년에서 때로는 수천 년에 이르는 긴 시간 동안 서서히 자라며 변화의 리듬을 몸에 익힌다. 나무의 느림은 게으름이 아니라, 자연의 이치를 따르는 슬기로운 성장 전략이다.

때늦은 출발이 만든 위대한 성취

우리 주변에는 나보다 앞서가는 듯한 사람들이 보인다. 사업에 성공해 막대한 부를 쌓거나 일찍부터 각 분야에서 두각을 나타내는 이들이 있다. 하지만 나만 뒤처졌다고 속단하기는 이르다. 사람마다 타고난 능력과 관심사가 다르기 때문이다. 20대에 빠르게 성공한 사람도 30대 40대에 다른 어려움을 겪을 수 있다. 반면 상대적으로 늦게 출발한 사람이 후반기에 오히려 더 큰 성과를 거두기도 한다. 중요한 것은 '내가 어디로 가고 있는가'이다. 나무가 각자의 뿌리를 내리고 자신만의 방식으로 광합성을 하듯이 우리도 자신에게 맞는 목표를 찾고 그 페이스대로 성장해야 한다.

커넬 샌더스는 65세에 KFC(Kentucky Fried Chicken)를 창업했다. 대부분의 사람들이 은퇴를 생각할 나이에 그는 새로운 도전을 시작했다. 많은 사람들이 그를 늦깎이라고 했지만 그는 자신만의 속도로 꾸준히 전진했다. 결국 전 세계적인 프랜차이즈 기업을 만들어 내며 나이는 숫자에 불과하다는 것을 증명했다. 미국의 작가 로라 잉걸스 와일더도 65세에 첫 소설을 발표했다. 대초원의 집 시리즈로 유명한 그녀는 늦은 나이에 시작했지만 자신만의 속도로 꾸준히 작품 활동을 이어 갔다. 이는 나무가 언제든 새로운 가지를 뻗을 준비가 되어 있는 것과 같다.

때로는 우리가 처한 상황이 너무 힘겹게 느껴진다. 취업이 어렵거나 직장에서의 제약이 많거나 자본이 부족한 등 여러 이유가 있을 수 있다. 하지만 나무는 가난한 흙 그늘진 산비탈 강풍이 몰아치는 해안가에서도 삶의 터전을 마련한다. 척박한 조건을 체내 구조나 생장 방식의 변화로 극복해 낸다. 바람이 강한 해안가 소나무는 수평으로 휘어지며 자라기도 하고 뿌리를 넓게 펼쳐 양분과 물을 흡수한다. 인간은 종종 환경이 나를 힘들게 한다고 불평하지만 자연의 관점에서 보면 환경은 그저 주어진 조건일 뿐이다. 나무처럼 지금 처한 환경을 충분히 활용하고 극복할 방법을 탐색한다면 조급함 대신 더 나은 해결책을 찾을 수 있다.

소나무

느리게 가는 것은 부끄러운 것이 아니다

우리는 날마다 무수한 선택을 한다. 진로를 결정하고 인간관계를 맺고 재정을 계획하고 건강을 관리하는 등 모든 순간이 선택의 연속이다. 이때 나무는 서두르지 않는다는 관점을 적용한다면 단기적 효과가 아닌 장기적 안목을 지니게 될 것이다. 남들이 얼마나 빠르게 앞서가는가에 휘둘리기보다는 내가 지금 어디에 뿌리를 내리고 어떤 비전을 향해 나아가는지 깊이 생각할 수 있다. 느리게 가는 것을 부끄러워할 필요는 없다. 오히려 서두르지 않음으로써 더 단단하고 깊이 있게 성장하는 법을 찾을 수 있다.

많은 조직이 속도 그 자체가 아니라 지속 가능성과 사회적 가치에 주목하고 있다. 이는 단순히 환경 운동이나 공익활동 차원을 넘어선다. 기업도 좋은 제품과 서비스를 오래 제공하려면 고객과 사회가 안정적으로 유지되어야 함을 깨닫기 시작했다. 숲의 법칙처럼 기업과 사회가 함께 성장하는 구조를 만들어야 장기적 번영이 가능하다는 인식이 확산되고 있다. 미국의 친환경적인 아웃도어 의류업체인 파타고니아의 창립자 이본 쉬나드는 '천천히 가되 지속가능하게 가라'는 철학으로 회사를 운영한다. 단기적 이익보다는 환경 보호와 사회적 책임을 우선시하는 경영 방식으로 오히려 더 큰 성공을 거두었다.

이는 나무가 생태계 전체를 고려하며 성장하는 것과 같은 접근이다. 사실 나무는 서두를 이유가 없다. 계절이 주는 신호와 빛 온도 습도를 받아들이면서 최적의 시점을 기다린다. 그 시간에 맞춰 잎을 피우고 꽃을 피우며 씨앗을 품어 후손을 남기는 과정을 반복한다. 이것이 자연이 만든 이상적인 삶의 리듬이다.

잠시 멈춤이 가져다주는 소중한 깨달음

인간은 문명을 이루고 사회를 형성하면서 비약적 발전을 이뤄 왔다. 그 과정에서 한번 빠른 성장을 경험하면 그 기세를 놓지 않으려는 욕심이 생긴다. 하지만 빠르기만 한 것이 전부가 아니라는 사실을 나무는 묵묵히 보여 준다. 속도와 효율만을 추구하기보다는 때로는 휴식이 필요하고 때로는 느림이 더 건강한 결실을 가져온다.

사람마다 걸음걸이가 다르고 기업마다 성장 곡선이 다르며 사회마다 특수한 환경이 있다. 나무처럼 자신이 처한 상황과 조건에 맞춰 움직이며 내 속도대로 가는 선택을 한다면 더 단단하고 지혜로운 결실을 맺을 수 있을 것이다. 서두르지 않음은 결코 포기를 의미하지 않는다. 오히려 가야 할 길을 더욱 분명하게 인식하고 천천히 그러나 힘 있게 전진하는 방법을 터득하는 일이다. 빠른 속도에 익숙해진 현대인이라면 누구나 한 번쯤 느림의 미학을 되돌아볼 필요가 있다.

혹시 지금 내가 너무 서두르느라 중요한 것을 놓치고 있지는 않은가. 성과만 바라보느라 과정을 등한시하고 있지는 않은가. 우리가 주변의 나무를 바라볼 때 그 고요함 속에 담긴 지혜에 조금 더 귀 기울인다면 각자의 인생과 조직 그리고 사회가 한층 평화롭고 건강한 방향으로 나아갈 수 있을 것이다.

덴마크의 휘게 문화는 바쁜 일상에서 잠시 멈춰 서서 소중한 사람들과 함께 차분한 시간을 보내는 것이다. 이런 여유가 오히려 더 큰 행복과 생산성을 가져다준다는 것을 덴마크 사람들은 잘 알고 있다. 일상 속에서 소소한 행복을 쌓아 가면 그것이 바로 인생의 보람이고 여유로운 삶의 방식이다.

성급하게 서두르지 않고 자신만의 터전을 단단히 다지며, 주어진 여건을 원망하기보다 그 속에서 새로운 기회를 발굴해 가는 삶의 자세. 이것이야말로 '나무는 서두르지 않는다'는 자연의 철학이 우리에게 건네는 소중한 가르침이다. 현대 사회가 더욱 복잡해지고 무한경쟁의 소용돌이 속에 휘말릴 수록, 자연이 보여주는 느린 지혜에 귀 기울이는 일이 더욱 소중해지고 있다.

3. 혼자 힘으로 꿋꿋이 살아간다

적응과 변화로
나만의 길을 찾는다

"살아남는 종은 가장 강한 종도, 가장 똑똑한 종도 아니다. 변화에 가장 잘 적응하는 종이다."
It is not the strongest of the species that survives, nor the most intelligent, but the one most responsive to change.

- 「종의 기원」, 찰스 다윈(Charles Darwin)

숲해설가로 활동하며 자연을 가까이에서 관찰하다 보면 놀라운 사실을 발견하게 된다. 분명 같은 종처럼 보이는 나무도 지역이나 환경에 따라 전혀 다른 형태와 적응 방식을 보인다는 것이다. 사람들은 흔히 소나무는 어디서나 같은 소나무라고 여기지만 실제로는 그렇지 않다. 고도가 높은 산간지방에서 자라는 소나무와 해안가 절벽에 뿌리를 내린 소나무를 비교해 보면 그 차이가 극명하게 드러난다. 바위틈에 자리 잡은 소나무는 뿌리를 깊게 내릴 수 없는 조건 때문에 줄기가 비틀려 있거나 옆으로 뻗어 나가는 모습을 보인다. 거센 해풍을 온몸으로 맞으면서도 스스로 가지를 조절해 살아남는다.

사막 같은 건조 지역의 식물들은 또 다른 생존 전략을 구사한다. 툰드라 지역에 사는 침엽수들은 아주 얇고 날카로운 잎을 유지해 표면적을 최소화한다. 이를 통해 수분 손실을 막고 극도로 낮은 기온과 거센 바람을 견딘다. 심지어 한겨울에도 최소한의 광합성을 이어 가며 생명을 유지한다.

이렇게 보면 같은 종의 나무라도 토양 상태 빛의 양 물의 공급량 등 여러 조건이 복합적으로 작용하면서 독특한 모습을 형성한다는 사실을 깨닫게 된다. 자연은 무심해 보이지만 모든 생명이 치열하게 적응하며 살아갈 수 있도록 수많은 선택지를 제공한다.

추운 지방에 적응한 침엽수들 중에는 아래 방향으로 처진 가지와 날카로운 잎으로 바람을 자연스럽게 흘려보내는 종들이 많다. 눈이 쌓여도 쉽게 부러지지 않도록 수형 자체를 설계한 것이다. 눈이 많이 내리는 북유럽에 많이 서식하는 독일가문비나무도 가지를 모두 밑으로 뻗는다. 나무가 환경에 적응해 진화한 것이다. 우리나라 고산 지대의 전나무나 가문비나무는 한겨울에도 녹색 잎을 유지하며 조금씩 광합성을 수행한다. 매해 잎을 모두 떨어뜨리는 낙엽수와 달리 겨울에도 어느 정도의 광합성을 유지하겠다는 전략을 택한 것이다.

소나무 숲

　식물의 자연과 환경에 대한 적응은 더운 지역이나 습한 곳에서도 마찬가지로 적용된다. 열대 우림에 뿌리를 내린 거목들은 버팀뿌리 형태로 지면을 넓게 감싸서 흙이 무너져도 쓰러지지 않도록 자신을 고정한다. 습기가 많은 땅에서는 뿌리가 산소를 구하기 힘들어 숨뿌리 같은 독특한 구조를 발달시켜 밖으로 뻗어 나간다.

맹그로브가 보여주는 극한 적응의 지혜

　해안가의 맹그로브는 더욱 극적인 적응을 보여준다. 염분을 어느 정도 배출할 수 있는 능력을 갖추고 있으며 흙이 물에 잠겨도 버틸 수 있도록 공기호흡을 위한 특별한 조직을 만들어 낸다. 나무는 이런 적응 과정을 거치며 한자리에서 오랜 시간을 버티는 놀라운 능력을 완성했다. 물속에서도 생장하는 낙우송은 기근, 공기뿌리를 땅 위로 솟아오르게 해서 공기 중의 산소를 흡수해 지하 뿌리로 전달한다. 현대 생태학자들은 이런 현상을 '표현형 가소성(Phenotypic plasticity)'이라고 부른다. 이는 동일한 유전자를 가진 개체라도 환경에 따라 다른 형질을 발현하는 능력을 말한다. 나무들은 수백만 년에 걸쳐 이런 능력을 극한까지 발달시켜 온 것이다.

 숲 해설을 하면서 늘 하는 질문이 있다. '동물과 식물은 어떻게 다를까요?' 대부분의 탐방객들은 동물은 움직이고 식물은 움직일 수 없는 점이 다르다고 말한다. 맞는 말이다. 그러나 궁극적으로 원했던 답은 아니다. 내가 원했던 답은 '식물은 광합성을 해서 스스로 에너지를 만들어 내고 동물은 스스로 에너지를 만들어 내지 못한다'라는 대답이다. 동물은 스스로 에너지를 생산하지 못하기 때문에 이리저리 움직이면서 먹을 것을 구해 먹어야 이를 에너지로 해서 살아갈 수 있다.

한자리에 고정된 움직일 수 없는 나무에게는 후손을 남기기 위한 번식도 특별히 중요한 과제다. 꽃가루를 멀리 보내거나 동물을 이용해 씨앗을 퍼뜨려야 하기 때문이다. 소나무는 암꽃과 수꽃을 한 그루에 달면서도 자가수분을 피하는 놀라운 지혜를 보인다. 암꽃을 더 높은 가지에 배치하고 수꽃을 낮은 위치에 둔다.

이렇게 하면 같은 나무의 꽃가루가 위로 올라가기보다는 바람을 타고 흩어져 다른 나무의 암꽃을 찾아간다. 옥수수도 비슷한 방식을 채택해 수꽃이 먼저 개화하고 암꽃은 조금 뒤에 피도록 개화 시기를 조절한다. 이러한 방식은 근친교배를 줄여 유전적 다양성을 확보하려는 식물의 지혜라고 할 수 있다.

새를 비롯한 동물과 협력 관계를 맺는 나무들도 있다. 화살나무처럼 빨간 열매를 맺어 새들의 시선을 끌고 그것을 먹은 새가 다른 곳에서 배설하며 씨앗을 퍼뜨려 준다. 열매의 색과 향 그리고 맛을 진화시켜 자신을 전파해 줄 파트너를 부르는 것이다. 마치 화려한 복장으로 관심을 끄는 것처럼 열매의 겉모습을 돋보이게 만드는 전략은 동물과의 오랜 상호 작용 끝에 완성된 결과물이다.

식물은 해거리를 통해 번식 성공률을 높인다

나무들의 생존 전략 가운데 흥미로운 것 중 하나가 '해거리' 현상이다. 참나무나 밤나무, 호두나무 등은 한 해에 엄청나게 많은 열매를 맺고 다음 해에는 거의 열매가 없는 불규칙한 패턴을 보인다. 이는 자연스러운 변덕이 아니라 번식 성공률을 높이기 위해 선택한 정교한 전략이다. 한 번에 대량의 열매를 생산하면 주변 동물들이 그해에는 풍족하게 먹이를 얻는다. 덕분에 먹이로 쓰이지 못한 씨앗 일부는 땅속에 묻히거나 잊히면서 발아 기회를 얻는다. 또한 열매가 풍성했던 해에는 청설모나 다람쥐 등의 개체 수가 크게 늘어나지만 그다음 해에 열매 생산이 줄어들면 개체 수가 자연스럽게 조절된다.

이는 나무와 동물이 서로 밀접한 영향을 주고받으며 공진화한 결과다. 미국의 생태학자 얀젠(Janzen)은 이를 '포식자 포화 가설'로 설명했다. 일시에 대량의 씨앗을 생산해 포식자들이 모두 먹지 못하도록 하는 전략이라는 것이다. 포식자들의 포식 한계로 인해 일부 먹잇감은 생존하게 된다. 한 예로 몇몇 매미 종은 13년 또는 17년 주기로 대량 발생한다. 이때 포식자들은 먹이를 다 먹지 못하고 살아남은 매미들은 번식할 기회를 얻는다.

해거리는 또 다른 측면에서 자원 분배의 묘수로도 작용한다. 나무 입장에서는 매년 동일하게 열매를 대량 생산하기 어렵기 때문에 생산할 수 있는 해에 충분한 에너지를 쏟고 다음 해에는 회복 기간을 갖는 식으로 균형을 맞춘다. 에너지를 대량으로 투입해 열매를 맺은 후에는 스스로 휴식기를 가지면서 줄기나 뿌리에 양분을 보충하는 것이다.

생존을 위해 최선을 다하는 나무들

흔히 나무가 움직이지 못하고 한자리에 고정된 존재라고 해서 역동성이 없다고 오해하기 쉽다. 그러나 실제로 나무는 환경 변화에 맞서거나 번식을 위해 수많은 조절 메커니즘을 발휘한다. 가지를 접거나 잎을 떨어뜨려서 광합성을 조절하고 해충이 나타나면 화학 신호를 주고받으며 방어 물질을 만들어 낸다.

나무가 보여주는 가장 인상적인 특성 중 하나는 어떤 환경에 놓이더라도 그 상황에서 최선을 다한다는 점이다. 고산 지대라면 거센 바람을 피하기 위해 땅에 바짝 붙어서 자라고 사막이라면 수분을 간직하기 위해 잎을 가시로 만들어 증산 작용을 최소화한다. 열대 우림이라면 경쟁이 극심하므로 더 높은 곳으로 가지를 뻗어 빛을 확보하고 버팀뿌리를 만들어 지반이 약해져도 쉽게 쓰러지지 않는다. 결국 나무는 움직이지 못한다는 약점을 오히려 다양한 방식으로 극복해 낸다.

현대인들은 때때로 환경이나 조건이 좋지 않다고 불평하며 좌절할 때가 많다. 그러나 나무가 보여주는 모습은 그와 다르다. 나무는 말없이도 주어진 자리에서 무수한 방법을 시도하고 끝내 살아남으면서 번식까지 이뤄 낸다. 그 안에서 우리는 어떤 환경이든 스스로 바꾸거나 적응해 가는 힘을 기를 수 있다는 영감을 받는다.

갈참나무

우리가 길을 걸으면서 자주 대하는 가로수조차도 자세히 보면 끝없이 새로운 것을 보여준다. 바람이 많이 부는 지역의 가로수는 줄기를 더 탄탄히 키우고 뿌리를 깊숙이 내려 도심의 열섬 현상 속에서도 살아남는다. 거리마다 나무가 조금씩 다른 형질을 갖게 되는 이유는 그곳의 미세한 환경 조건과 사람들의 관리 방식 등이 고스란히 반영된 결과다.

서울시가 발표한 자료에 따르면 도심 가로수들은 매년 약 168톤의 미세 먼지를 흡수하고 연간 1만 6천 톤의 이산화탄소를 저장한다. 이는 승용차 3천 대가 1년간 배출하는 이산화탄소와 맞먹는 양이다. 이렇게 성실하게 자기 몫을 다하면서도 불평 한마디 없는 나무의 침묵은 우리에게 많은 울림을 준다.

나무는 눈에 띄지 않는 자잘한 변화와 끝없는 노력으로 스스로 살아가는 길을 만든다. 결국 언젠가 열매를 맺거나 씨앗을 퍼뜨리고 새로운 숲을 잉태한다는 목표를 향해 나아간다. 이 모든 과정에서 동물과 곤충 버섯 같은 미생물까지 서로 얽혀 지구라는 큰 무대 위에서 생명의 오케스트라를 완성해 나간다.

과학이 밝혀낸 나무의 기억력

일본의 식물학자 미야와키 아키라는 "나무 한 그루 한 그루가 모두 다른 개성을 가지고 있다. 마치 사람처럼 각자의 이야기가 있다."고 말했다. 그의 말처럼 겉보기에는 단순한 광합성이나 뿌리 내림 같은 작용처럼 보여도 그 안에는 무궁무진한 지혜가 깃들어 있다.

최근 들어 나무의 숨겨진 능력들이 과학적으로 속속 밝혀지고 있다. 나무들이 스트레스를 받으면 전기 신호를 발생시킨다는 사실이 확인되었다. 이는 동물의 신경계와 유사한 메커니즘이다. 또한 나무들이 과거의 환경 정보를 '기억'하고 이를 바탕으로 미래의 스트레스에 대비한다는 연구 결과도 나왔다. 독일의 산림학자 페터 볼레벤은 '나무들은 우리가 생각하는 것보다 훨씬 더 지능적이고 사회적인 존재'라고 주장한다. 그의 연구에 따르면 모든 나무는 자신만의 '성격'을 가지고 있으며 개체마다 다른 생존 전략을 구사한다.

고목

    기후 변화라는 새로운 도전 앞에서도 나무들은 놀라운 적응력을 보여주고 있다. 온도 상승에 따라 일부 나무들은 꽃 피는 시기를 앞당기고 있고 어떤 종들은 서식지를 북쪽으로 이동시키고 있다. 가뭄에 대비해 뿌리 시스템을 더 깊고 넓게 발달시키는 나무들도 늘어나고 있다.

    나무들의 생존 전략에서 우리가 배울 수 있는 교훈은 무엇일까. 첫째는 주어진 환경을 탓하기보다는 그 안에서 최선의 방법을 찾아 적응하는 자세다. 둘째는 단기적 성과에 급급하지 않고 장기적 관점에서 지속 가능한 전략을 세우는 지혜다. 셋째는 주변과의 협력과 소통을 통해 서로 도움을 주고받는 공생의 철학이다.

  숲해설가로 숲과 함께하면서 깨달은 것은 숲이 마치 무한한 이야기보따리를 품고 있다는 점이다. 나무 한 그루 한 그루의 삶이 사실은 매우 능동적이고 치열하며 한 해의 생장과 다음 해의 결실을 꼼꼼히 계산하는 훌륭한 전략가라는 사실을 알게 되었다. 우리가 가만히 바라볼 때는 정적이고 단조로운 것처럼 보이지만 나무 내부와 숲의 상호 작용은 언제나 역동적으로 돌아가고 있다.

  언뜻 보기에는 단순한 광합성이나 뿌리 내림 같은 작용처럼 보여도 나무가 살아가는 생존 전략에는 무궁무진한 지혜가 깃들어 있다. 해거리를 통해 주변 동물과의 균형을 맞추고 다양한 방법으로 자가수분을 피하며 열매의 향과 색으로 파트너를 불러들이는 모든 과정이 그렇다.

수생식물원(국립수목원)

4. 버텨야 할 때는 끝까지 버텨야 한다

포기하고 싶은 순간
피어나는 꽃

"위대한 일을 하는 유일한 방법은 자신이 하는 일을 사랑하는 것이다. 아직 찾지 못했다면 계속 찾아라. 안주하지 마라."

the only way to do great work is to love what you do. If you haven't found it yet, keep looking. Don't settle.

— 〈2005년 스탠퍼드대학 졸업식 연설문〉, 스티브 잡스(Steve Jobs)

새해가 되면 우리는 새로운 목표를 세우고 당찬 의욕에 불을 붙이곤 한다. 어떤 이는 영어 공부를 시작해 보겠다고 다짐한다. 또 다른 이는 헬스클럽에 등록하여 매일 운동을 하겠노라 결심한다. 독서량을 늘려서 지식을 넓히겠다는 포부도 흔히 보인다. 그러나 이런 마음은 얼마 지나지 않아 시들해지기 쉽다. 실제로 작심삼일이라는 말이 있을 정도로 결심을 오래 지속하기가 쉽지 않다.

때로는 건강상의 이유나 재정적인 문제 같은 현실적인 장애가 생길 수 있다. 그렇지만 우리는 흔히 그 책임을 오직 주변 탓으로만 돌리는 경향이 있다. 회사가 너무 바빠서라든지 가정 형편이 좋지 않아서라든지 사회가 나를 이해해 주지 않아서라는 식으로 이유를 댄다. 이렇게 핑계를 대다 보면 결국 자기 자신이 변화할 수 있는 기회를 스스로 차단하게 된다. 물론 실제 장애물이 전혀 없는 것은 아니다. 하지만 궁극적으로 무언가를 이루고 싶다면 가장 중요한 열쇠는 버티는 힘이라고 할 수 있다.

주엽나무가 가시를 단 이유

주엽나무가 보여주는 생존 방식에서 인내의 비밀을 엿볼 수 있다. 이 나무는 길고 날카로운 가시를 지닌 것으로 유명하다. 얼핏 보면 원래부터 그런 형태였다고 생각하기 쉽다. 하지만 실제로는 초식 동물에게 잎과 줄기를 끊임없이 뜯기는 환경에 놓였기 때문에 방어를 위해 가시를 발달시켰다고 한다. 흥미로운 점은 위협 요소가 거의 없는 곳에서 자라는 주엽나무는 가시가 별로 없다는 사실이다. 굳이 방어 기제를 세울 필요가 없으니 가시 없는 형태로 자란다는 뜻이다. 이는 나무가 주변 환경을 탓하기보다 변화에 대응하며 긴 세월을 견뎌왔음을 시사한다.

우리들의 삶에도 비슷하게 적용된다. 환경이 힘들다고 해서 무조건 포기하거나 불평만 해서는 상황을 바꿀 수 없다. 주엽나무처럼 내가 처한 현실에서 살아남을 수 있는 방법을 찾아내고 버티는 과정을 지속하면 결국 새로운 기회를 만들어 낼 수 있다. 실제로 어떤 이가 직장에서 과중한 업무에 시달릴 때 그 어려움을 견디고 해결책을 모색하다 보면 과거보다 훨씬 탄탄해진 역량을 얻게 되기도 한다. 이는 더욱 강인해진 가시를 갖추게 된 것과 다를 바 없다고 말할 수 있다.

자신을 지키기 위해 가시를 발달시킨 두릅나무와 주엽나무

극한에서도 악착같이 버티는 고산 나무들

고산 지대의 나무들은 또 다른 형태의 인내를 보여준다. 높은 산꼭대기에 있는 소나무나 전나무는 매서운 바람 탓에 줄기가 곧게 뻗지 못하고 심하게 뒤틀린 모습을 한다. 언뜻 보면 구부정하게 자란 것처럼 보이지만 실상은 강풍과 폭설을 정면으로 받으면서도 생존을 멈추지 않은 흔적이다. 산꼭대기는 대기 압력이 낮고 기온 차가 심해서 가지가 부러지거나 줄기가 상하기 쉽다. 그럼에도 나무들은 뿌리를 뽑고 다른 곳으로 갈 수 없기 때문에 그 자

리에서 스스로를 지켜야만 한다. 바람이 거세면 몸을 낮추고 가지가 떨어져 나가면 다시 싹을 틔우며 생존을 모색한다. 이렇게 극한의 자연환경에서도 기어이 살아남는 모습을 보면 버팀이란 단순한 고집이 아니라 현명한 적응이라는 사실을 깨닫게 된다.

사람은 힘들면 직장을 옮기거나 도시에 살다가 산골로 이사를 가기도 한다. 그러나 나무는 한 번 뿌리 내린 터전에서 끝까지 삶을 이어 가야 한다. 폭풍우가 몰아쳐도 개발로 인해 환경이 훼손되어도 결국 선택지는 버티거나 말라 죽는 길뿐이다. 이런 절박한 상황에서조차 나무들이 세월을 견디고 한 세대에서 다음 세대에 이르기까지 생존해 가는 모습은 고요하지만 웅대한 인내의 상징이라고 할 만하다.

우리는 기술의 발달로 즉각적인 결과를 얻는 데 익숙해졌다. 클릭 한 번이면 상품이 집 앞에 도착하고 해외 소식도 실시간으로 확인하게 되었다. 빠른 속도에 길들여진 사회에서는 조금만 시간이 길어져도 금방 흥미를 잃게 된다. 이 때문에 오랜 노력으로만 이룰 수 있는 일에 대해서는 미처 끝까지 버티지 못하고 중도 하차하는 일이 늘고 있다. 그러나 진정한 가치나 성취는 당장의 편의성으로 얻기 어려운 경우가 많다. 학교에서 실력을 쌓는 과정도 직장에서 전문 역량을 키우는 일도 예체능 분야에서 기량을 높이는 과정도 모두 단시간에 이루어지지 않는다. 대체로 긴 시간 동안 꾸준히 버티고 시도하는 과정이 필수적이다.

스티브 잡스는 "위대한 일을 하는 유일한 방법은 자신이 하는 일을 사랑하는 것이다. 아직 찾지 못했다면 계속 찾아라. 안주하지 마라."고 말했다. 이는 단순히 열정만으로는 안 되고 끊임없는 인내와 노력이 필요하다는 의미로 해석할 수 있다. 힘난한 자연에서도 움츠러들지 않고 버텨 온 나무의 모습은 사람의 삶과 크게 다르지 않다. 어렵고 힘들수록 더욱 뿌리를 단단하게 내리고 생명력을 키워 가는 상징이라는 점에서 그렇다. 흔히 우리는 스스로가 처한 환경을 두고 불운이라 생각하고 남 탓을 하기도 한다.

하지만 주엽나무나 힘준한 바람에 시달리는 고산의 소나무 역시 스스로 환경을 통째로 바꿀 수 없었다. 그렇지만 적어도 버티고 살아남겠다는 의지를 꺾지 않았고 그 결과로 자기만의 독특한 형태나 방어 체계를 갖추게 되었다.

작은 결심에서 시작되는 거대한 변화

사소해 보이는 결심에도 버팀은 필요하다. 예를 들어 '매일 아침 30분씩 운동을 하겠다'고 결심했지만 며칠이 지나면 귀찮아서 쉬고 싶다는 마음이 든다. 이때 그냥 포기하면 달라지는 것은 없다. 그러나 조금 더 견디면 예상치 못한 변화를 체감하는 순간이 온다.

예전에 1킬로미터만 뛰어도 숨이 턱까지 찼던 사람이 어느 날 3킬로미터, 5킬로미터를 거뜬히 달리게 되는 일이 생긴다. 처음에는 어렵게 시작했지만 버틴 끝에 몸이 달라지고 마음도 변힌다는 사실을 알게 된다. 이렇게 작은 성공을 이루면 그다음 단계의 도전에 도전할 자신감이 붙는다. 운동에서 근육은 일정 수준 이상의 부하를 반복적으로 견뎌낼 때 발달한다. 사람의 능력도 마찬가지다. 조금씩 무언가를 이겨내는 버팀의 과정이 쌓일 때 점진적으로 큰 성장을 이룰 수 있다. "꾸준한 열정과 불굴의 의지는 그 어떤 장벽도 뚫고 나간다."는 말처럼, 작은 노력이 차곡차곡 쌓여 놀라운 변화를 만들어 낸다는 사실을 일깨워 준다.

나무는 자라면서 일부 영양분을 바로 쓰기도 하지만 남는 영양분은 뿌리나 줄기에 저장해 두기도 한다. 이는 날씨가 갑자기 나빠져도 생장을 멈추지 않고 견디기 위해서다. 우리 역시 배운 것을 당장 모두 활용하지 못해도 꾸준히 쌓아 두면 언젠가 빛을 발하는 순간이 온다. 예를 들어 오랫동안 외국어를 공부해 둔 사람이 해외 출장에서 놀라운 능력을 드러내는 일이 그러하다. 또 재무나 회계를 꾸준히 익혀 둔 사람이 창업을 할 때 유리한 위치를 차지하는 것도 같은 맥락이다.

이는 마치 나무가 척박한 시기를 대비해 영양분을 비축해 두는 것과 같다. 사과나무가 알찬 열매를 맺기까지 여러 해가 걸리고 포도나무가 단맛 가득한 포도를 맺기 위해서는 수년에 걸쳐 전정과 양분 관리가 필요하다는 사실도 잘 알려져 있다. 그 어떤 나무도 하룻밤 사이에 맛있는 열매를 내놓지 않는다.

포기하고 싶은 찰나에 찾아오는 기적

종종 우리는 도저히 빠져나갈 길이 없어 보이는 상황에 부딪힌다. 안개가 자욱이 낀 날 운전을 하다 보면 중앙선이나 앞의 길이 분명하지 않아 여간 힘들지가 않다. 매우 힘든 시간이지만 이러한 상황은 그리 오래 가지 않는다. 얼마 지나지 않아 안개가 걷히면서 끝이 난다. 일이 너무 많아서 숨조차 돌릴 틈이 없거나 재정적 위기에 몰려서 매일을 힘겹게 버티는 경우도 그렇다. 만일 이런 상황에서 자신이 할 수 있는 노력을 다하기도 전에 포기한다면 그 어디에도 희망은 없다.

물이 100도에 이르러야 비로소 끓어오르는데 딱 그 지점 직전에 불을 꺼버리면 물은 영영 미지근한 상태에 머무른다. 우리가 인내심을 끝까지 지키지 못하면 그 지점에서 멈춰 서게 된다. 많은 사람이 마지막 순간에 조금만 더 버티면 될 텐데 하는 찰나에 포기해 버린다. 그러나 진정한 버팀은 무모한 집착과 다르다. 그 시간 동안 내면의 힘과 기술을 키워 가며 마음을 단련하는 과정이 동시에 이루어져야 한다. 나무가 험악한 자연에서 생존하기 위해 뿌리를 더 깊이 내리고 줄기를 단단히 키우듯이 우리 역시 역경 속에서 내공을 다질 수 있다.

코로나19 팬데믹을 겪으면서 많은 사람들이 경제적 어려움과 정신적 고통을 겪었다. 하지만 이 시기를 견뎌낸 사람들은 새로운 기회를 발견하거나 내면의 성장을 이룰 수 있었다. 온라인 비즈니스를 시작한 사람들이나 새로운 기술을 익힌 사람들이 그 예다.

실패는 큰 성공을 위한 밑거름이다

나무들도 모든 가지가 성공적으로 자라는 것은 아니다. 어떤 가지는 병에 걸리고 어떤 가지는 바람에 부러진다. 하지만 나무는 실패한 가지 때문에 절망하지 않는다. 대신 그 경험을 바탕으로 더 강한 가지를 키워 낸다. 실패한 부분을 빠르게 정리하고 에너지를 다른 곳에 집중한다.

갈참나무 뿌리

인간의 삶에서도 실패는 피할 수 없다. 중요한 것은 실패 자체가 아니라 실패를 어떻게 받아들이고 어떻게 다음 단계로 나아가느냐다. 나무처럼 실패를 성장의 밑거름으로 삼을 수 있다면 궁극적으로는 더 큰 성공에 도달할 수 있다. 나무는 혼자서만 버티는 것이 아니다. 숲이라는 공동체 안에서 서로 도우며 함께 어려움을 견뎌낸다. 뿌리 시스템을 통해 영양분을 나누고 위험 신호를 전달하며 폭풍우가 몰아칠 때는 서로 지탱해 준다. 이처럼 공동체의 힘을 빌리는 것도 버티는 데 중요한 요소다.

우리의 삶도 마찬가지다. 혼자서만 모든 것을 견디려 하지 말고 가족이나 친구 동료들과 함께 어려움을 나누어야 한다. 때로는 전문가의 도움을 받는 것도 필요하다. 상담사나 멘토 코치 등의 도움을 받으면 더 효과적으로 어려운 시기를 견뎌낼 수 있다. 나무가 겨울을 견디는 것은 단순히 버티기 위해서가 아니다. 봄이 오면 더 아름다운 꽃을 피우고 더 풍성한 열매를 맺기 위해서다. 현재의 고통은 미래의 기쁨을 위한 투자인 셈이다. 인간의 인내도 마찬가지다. 지금 당장은 힘이 들더라도 끝까지 포기하지 말고 버텨야 한다.

나무가 평생 한자리에서 거센 풍파를 견디며 피어나는 것처럼 우리도 오랜 시간에 걸친 버팀의 과정이 있어야 새로운 길을 개척할 수 있다. 그리고 그 길 위에서 겪는 인내와 노력은 결국 앞으로의 인생을 단단하게 받쳐 주는 든든한 기반이 될 것이다. 우리가 사는 세상은 빠르게 변하고 어려움이 끊이지 않는다. 그렇지만 나무처럼 생존 본능과 환경에 대한 지혜를 갖춘다면 가장 혹독한 기후 속에서도 스스로를 지켜낼 수 있다고 믿는다.

전나무 숲

5. 움직일 수 없다면 어떻게 살아남는가?

보이지 않는 전쟁,
다층방어와 공진화

"날 수 없다면 뛰어라. 뛸 수 없다면 걸어라. 걸을 수 없다면 기어라. 무엇을 하든 계속 앞으로 나아가라."

If you can't fly then run, if you can't run then walk, if you can't walk then crawl, but whatever you do you have to keep moving forward.

— 마틴 루터 킹 주니어(Martin Luther King, Jr.)

주말 아침 집 근처 홍유릉 둘레길을 산책하다가 둘레길 주변 학교 담장 옆에 핀 장미꽃을 보려고 발걸음을 멈췄다. 화려한 붉은 장미 꽃잎에 감탄하며 가까이 다가가려던 순간 날카로운 가시가 손가락을 할퀴었다. 순간 아픔보다는 놀라움이 앞섰다. 이토록 아름다운 꽃이 왜 이런 무서운 무기를 갖추고 있을까. 그 순간 문득 깨달았다. 식물들에게도 우리가 보는 평온한 풍경과는 전혀 다른 치열한 생존 투쟁이 벌어지고 있다는 사실을.

장미

우리는 흔히 숲을 찾을 때 평온함과 안락함을 느낀다. 바람에 흔들리는 나뭇잎의 속삭임과 새들의 지저귐이 마음을 진정시키고 스트레스를 해소해 준다. 하지만 이런 고요하고 아름다운 외관 뒤에는 생존을 위한 끊임없는 전쟁이 숨어 있다. 동물처럼 도망갈 수도 없고 숨을 수도 없는 식물들이 수억 년에 걸쳐 개발해 낸 방어 전략들은 인간의 상상력을 뛰어넘을 정도로 정교하고 다양하다.

찰스 다윈은 "자연에서 살아남는 것은 가장 강한 종이 아니라 변화에 가장 잘 적응하는 종"이라고 말했다. 이 말은 식물의 생존 전략을 설명하는 가장 적절한 표현이다. 움직일 수 없다는 근본적 한계를 오히려 창의적 적응의 동력으로 바꾼 식물들의 지혜는 현대 인간 사회에도 많은 시사점을 제공한다.

뿌리에 묶인 채 살아가는 식물들의 딜레마

식물의 방어 전략을 이해하기 위해서는 먼저 그들이 처한 특수한 상황을 알아야 한다. 동물들은 위험이 닥치면 도망가거나 숨을 수 있지만 식물은 뿌리를 땅에 박고 한자리에 머물러야 한다. 대신 광합성이라는 독특한 에너지 생산 방식을 통해 햇빛과 이산화탄소 물만으로 스스로 양분을 만들어 낸다. 이는 지구상에서 식물만이 가진 독보적인 능력이다. 하지만 이동할 수 없다는 것은 곧 모든 외부 위협을 그 자리에서 감당해야 한다는 의미이기도 하다. 초식 동물의 공격, 해충의 침입, 병원균의 감염, 기후 변화 등 수많은 위험 요소들로부터 자신을 보호하기 위해 식물들은 놀라운 방어 시스템들을 진화시켜 왔다.

화살나무는 줄기에 발달한 코르크층으로 유명하다. 멀리서 보면 네모진 날개가 달린 듯한 독특한 모습을 보이는 이 나무의 이름은 바로 이 날개 모양의 코르크가 화살 깃을 연상시킨다는 데서 유래했다. 이 코르크층은 단순한 장식이 아니라 매우 실용적인 방어막이다. 마치 중세 기사의 갑옷처럼 외부 충격을 흡수하고 해충의 침입을 막는다. 화살나무의 코르크층을 만져 보면 일반 나무껍질과는 확연히 다른 폭신하고 거친 질감을 느낄 수 있다. 이 스펀지 같은 구조는 곤충이 내부 조직까지 쉽게 파고들지 못하도록 막는다. 또한 껍질이 손상되더라도 코르크가 빠르게 재생되어 2차 감염을 방지한다. 인간의 피부에 상처가 생겼을 때 딱지가 생겨 내부를 보호하는 것과 같은 원리다.

줄기에 코르크를 장착한 화살나무

물리적 방어의 진화, 갑옷에서 가시까지

잎을 통한 방어 전략도 매우 정교하다. 동백나무나 사철나무 같은 식물들의 잎 표면이 유난히 윤이 나는 것은 왁스층이나 기름 성분으로 코팅되어 있기 때문이다. 이 천연 코팅은 수분 손실을 막을 뿐만 아니라 병원균이 잎에 달라붙는 것을 방지한다. 또한 잎을 질기고 단단하게 만들어 초식 동물들이 쉽게 뜯어 먹지 못하게 한다. 두꺼운 잎을 가진 식물들의 경우 소화가 어렵다는 점도 중요한 방어 요소가 된다. 초식 동물들이 에너지를 많이 들여 씹어도 얻을 수 있는 영양분이 적다면 자연스럽게 다른 먹이를 찾게 된다. 이는 식물이 "비용 대비 효과"를 계산하여 포식자를 포기하게 만드는 경제학적 전략이라고 할 수 있다.

가시는 아마도 가장 직관적이고 강력한 방어 수단일 것이다. 장미와 탱자나무의 가시는 물론 음나무의 굵고 긴 가시까지 그 형태와 크기는 매우 다양하다. 음나무를 처음 보는 사람들은 줄기 전체에 빽빽하게 돋아난 가시들을 보며 놀라곤 한다. 마치 중세의 철갑 갑옷을 연상시키는 이 가시들은 어린나무 시절부터 발달하기 시작한다. 역사적으로 인간들도 이런 가시의 방어력을 적극 활용해 왔다. 찔레나무 덩굴로 집 주변의 울타리를 만들면 자연스러운 방어벽이 되었다. 큰 동물들이 함부로 침범하기 어려워지는 것은 물론 도둑들에게도 상당한 위협이 되었다. 이는 식물의 방어 전략이 인간 사회까지 응용된 사례라고 할 수 있다.

가시로 자신을 지키는 탱자나무

향기로 자신을 지키는 화학전의 대가들

향기를 통한 화학적 방어는 식물 방어 전략의 백미라고 할 수 있다. 우리가 숲에서 느끼는 상쾌한 향기의 정체는 바로 피톤치드다. 소나무나 편백나무 같은 침엽수들이 분비하는 이 휘발성 물질은 인간에게는 스트레스 해소와 면역력 증진 효과를 주지만 원래 목적은 해충과 미생물을 퇴치하는 것이다. 피톤치드의 작동 방식은 매우 정교하다. 잎이 손상되거나 해충 침입의 징후가 감지되면 즉시 화학적 신호를 주변에 전파한다. 이 신호를 받은 주변 나무들은 방어 태세를 갖추고 더 많은 독성물질을 생성하거나 잎의 구조를 변화시킨다. 마치 군대의 경보 시스템처럼 작동하는 이 네트워크는 개별 나무를 넘어 숲 전체의 방어력을 높인다.

최근 연구에 따르면 일부 식물들은 특정 해충이 접근할 때 그 해충의 천적을 유인하는 화학물질을 분비한다고 한다. 야생담배가 애벌레의 공격을 받으면 그 애벌레를 잡아먹는 거미나 기생봉을 불러들이는 신호를 보내는 것이다. 이는 '적의 적은 나의 친구'라는 전략의 완벽한 구현이라고 할 수 있다. 독성물질을 이용한 방어는 식물계에서 매우 일반적인 전략이다. 족도리풀의 경우 잎과 뿌리에 강력한 독성물질을 함유하고 있어 함부로 섭취하면 구토와 어지럼증 심한 경우 호흡 곤란까지 유발할 수 있다. 이런 독성은 수백만 년의 진화 과정에서 완성된 생화학적 무기 시스템이다.

이스라엘 아이언돔이 배운 다층 방어 전략

흥미로운 점은 많은 식물들이 여러 방어 전략을 동시에 사용한다는 것이다. 잎 표면의 왁스 코팅과 독성물질을 함께 갖춘 이중 방어 시스템이나 가시와 피톤치드를 모두 활용하는 복합 방어 시스템이 그 예다. 이는 하나의 방어가 뚫리더라도 다른 방어선이 기능할 수 있도록 하는 다층 보안 체계와 같다. 현대 사이버 보안 전문가들이 "다층 방어"라는 개념을 중시하는 것도 같은 맥락이다. 방화벽 하나만으로는 모든 사이버 공격을 막을 수 없기 때문에 여러 단계의 보안 시스템을 구축한다. 식물들은 이미 수억 년 전부터 이런 지혜를 실천해 왔다.

이스라엘의 방어 시스템은 식물처럼 다층 방어이다. 이스라엘의 방어 체계는 단거리 미사일 요격에 특화된 아이언돔을 비롯해 고도별로 △애로우(장거리 미사일) △데이비드 슬링(중거리 미사일) △패트리어트 등 4중 방어망이 겹겹이 짜여 있는 것으로 알려졌다. 이 중에서도 아이언돔은 현존하는 방어 시스템 중 가장 우수하다는 평을 받는다. 아이언돔의 요격률은 90% 이상으로 최근 이란과의 미사일 전무에서 큰 힘을 발휘했다. 이러한 다층 방어 시스템은 미사일 공격이 주를 이루는 현대전에서 미국, 우리나라 등 모든 나라에서 점차 강화되고 있는 추세이다.

전략에서 또 하나 주목할 점은 다른 생물과의 공생을 통한 방어다. 일부 나무들은 줄기나 잎에 자은 꿀샘을 만들어 개미니 무당벌레 같은 곤충들을 유인한다. 이 곤충들은 나무가 제공하는 먹이를 얻는 대가로 해충이나 병원균을 공격하여 나무를 보호한다. 이는 자연계의 완벽한 보안 용역 계약이라고 할 수 있다. 아마존 열대 우림의 일부 개미 나무들은 속이 빈 가시 안에 개미들이 살 수 있는 공간을 제공한다. 개미들은 이 천연 아파트에서 살면서 나무를 공격하는 모든 침입자들을 격퇴한다. 심지어 나무 주변에 자라는 다른 식물들의 새싹까지 제거하여 경쟁을 차단해 준다. 이런 상호 이익적 관계는 수백만 년에 걸쳐 진화한 자연의 걸작품이다.

끝없는 군비 경쟁, 방어와 공격의 공진화

하지만 식물의 방어 전략이 완벽한 것은 아니다. 자연은 끊임없는 군비 경쟁의 무대이기도 하다. 식물이 독성물질을 개발하면 일부 곤충들은 그 독을 무력화하는 해독 효소를 진화시킨다. 심지어 어떤 곤충들은 식물의 독성물질을 체내에 축적하여 자신의 방어 수단으로 활용하기도 한다. 모나크나비의 애벌레가 독성이 있는 박주가리를 먹고 자라는 것이 좋은 예다. 이 애벌레들은 박주가리의 독성물질을 체내에 축적하여 성충이 되어서도 새들이 잡아먹지 못하게 만든다. 식물의 방어 무기가 오히려 다른 생물의 방어 수단이 된 셈이다.

이런 공진화의 과정은 생태계의 다양성과 안정성을 높이는 중요한 동력이다. 한 종의 일방적 승리가 아니라 상호 견제와 균형을 통해 전체 시스템이 유지되는 것이다. 이는 인간 사회의 경쟁과 협력 관계에도 많은 시사점을 제공한다.

기후 변화는 식물의 방어 전략에도 새로운 도전을 제기하고 있다. 기온 상승과 강수 패턴의 변화 새로운 해충과 병원균의 출현 등으로 인해 기존의 방어 시스템만으로는 대응하기 어려운 상황이 늘어나고 있다. 일부 연구에서는 스트레스를 받는 식물들이 더 강한 독성물질을 생산하거나 방어 구조를 강화하는 경향을 보인다고 보고하고 있다. 하지만 급격한 환경 변화는 식물의 적응 속도를 넘어설 수 있다. 수백만 년에 걸쳐 완성된 방어 시스템도 수십 년 만에 변화하는 환경에는 대응하기 어려울 수 있기 때문이다. 이는 생물다양성 보전의 중요성을 다시 한번 강조해 준다.

인공조림지에서 나타나는 문제들은 식물 방어의 중요성을 보여준다. 단일 수종만으로 조성된 숲은 특정 병해충이 발생했을 때 피해가 광범위하게 확산되기 쉽다. 다양한 수종이 함께 자라는 자연림에서는 각 수종의 서로 다른 방어 전략이 전체 숲의 안정성을 높이지만 인공림에서는 이런 다층 방어 효과를 기대하기 어렵다. 이는 현대 사회의 여러 시스템에도 적용되는 교훈이다. 과도한 표준화나 단일화는 효율성을 높일 수 있지만 예상치 못한 위기에는 매우 취약할 수 있다. 다양성과 유연성을 유지하는 것이 장기적으로는 더 안전하고 지속 가능한 전략일 수 있다.

식물의 방어 전략에서 우리가 배울 수 있는 가장 중요한 교훈은 창의적 적응의 힘이다. 움직일 수 없다는 근본적 제약을 오히려 혁신의 동력으로 바꾼 식물들의 지혜는 현대인들에게도 큰 영감을 준다. 우리가 직면한 제약과 한계를 단순히 극복해야 할 장애물로만 보지 말고 새로운 가능성을 발견하는 기회로 바라볼 필요가 있다.

또한 식물들의 다층 방어 전략은 리스크 관리의 중요성을 보여준다. 하나의 방어선에만 의존하지 않고 여러 단계의 보안 시스템을 구축하는 것은 개인의 인생 설계에서부터 기업의 경영 전략 국가의 안보 정책에 이르기까지 모든 영역에 적용될 수 있는 원리다. 협력을 통한 방어 전략도 주목할 만하다. 혼자만의 힘으로는 한계가 있지만 다른 생물과의 상생 관계를 통해 더 강력한 방어력을 확보하는 식물들의 지혜는 현대 사회의 네트워킹과 파트너십의 중요성을 일깨워 준다.

오늘 저녁 집 근처를 산책하며 길가의 나무들을 다시 바라보자. 그들의 잎사귀와 줄기에 숨겨진 놀라운 방어 시스템들을 상상해 보자. 조용해 보이는 그들이 사실은 얼마나 치열하게 살아가고 있는지 그리고 그 과정에서 얼마나 많은 지혜를 축적해 왔는지를 생각해 보자. 움직일 수 없는 전사들이 들려주는 생존의 이야기는 분명 우리에게 소중한 통찰을 제공할 것이다.

햇살 비치는 전나무숲

6. 나무의 마음, 심재처럼 살다

심재가 가르쳐 주는
사랑의 철학

"한 사람의 가치는 그가 받는 것이 아니라 그가 주는 것으로 측정된다."

A person's worth is measured not by what they receive, but by what they give.

― 알베르트 아인슈타인(Albert Einstein)

숲길을 거닐다 보면 수많은 크고 작은 나무들이 어우러져 평화롭게 살아가는 모습을 보면서 깊은 평안함을 느낀다. 숲에서는 바깥세상과는 달리 미움도 다툼도 원한도 없는 것처럼 평온하기만 하다. 풀꽃들은 풀꽃들대로 자신의 영역에서 살아가고 키 작은 나무와 키 큰 나무들도 사이좋게 거대한 숲을 이루고 있다. 하지만 좀 더 세밀하게 숲을 들여다보면 식물과 곤충 새들에 이르기까지 저마다 바쁜 삶을 살아가고 있는 것을 볼 수 있다.

이른 봄이 되어 나무에 어린잎들이 달리기 시작하면 곤충들은 바빠진다. 이때만을 기다려 온 곤충 애벌레들은 각자 좋아하는 나뭇잎을 찾아 열심히 몸을 키우며 어른 곤충으로 성장한다. 새들도 바빠진다. 곤충 애벌레들이 나오는 시기에 새끼를 길러낼 수 있기 때문이다. 숲 생태계는 조용하고 평화롭게 보이지만 숲속에 살고 있는 각 생명체들은 생존을 위해 온 힘을 쏟는다. 이런 역동적인 생태계 속에서 나무들은 묵묵히 자신만의 역할을 해내고 있다.

숲에서 나무를 유심히 들여다보면 그 구성 요소가 매우 복합적임을 알 수 있다. 뿌리는 땅속 깊은 곳에서 물과 영양분을 흡수하여 나무 전체에 공급하고 줄기와 잎은 광합성을 통해 에너지를 만들어 생장을 이어 간다. 우리가 흔히 나무라고 부르는 그 단단한 줄기 안에는 사실 여러 겹의 정교한 조직이 자리하고 있다. 가장 바깥쪽의 껍질 아래에는 살아 있는 세포들이 집중적으로 분포해 있는데 이들은 나무가 물과 영양분을 순환시키며 왕성하게 생장하도록 돕는다. 형성층이라 불리는 이 조직은 나무의 성장을 담당하는 핵심 부위다. 봄부터 가을까지 활발히 세포 분열을 하며 나무를 굵게 만들고 키를 높인다.

죽어서도 나무를 지탱하는 심재의 역설

흥미로운 점은 나무의 중심부 즉 줄기의 한가운데에 해당하는 조직이 실세로는 살아 있지 않다는 사실이다. 이 죽은 조직을 가리켜 심재, 영어로는 하트우드(heartwood)라고 부르는데 그 이름이 시사하듯 나무의 마음이라 불리기도 한다. 르네상스 시대의 기장 레오니르도 다빈치가 '나무의 나이테 하나하나는 세월이 남긴 일기장'이라고 표현했듯이, 심재는 바로 그 긴 시간의 기억들이 켜켜이 쌓여 탄생한 결정체인 셈이다.

나무 그루터기

심재는 죽어 있음에도 불구하고 오히려 나무 전체를 지탱하는 든든한 기둥 역할을 한다. 만약 나무 안쪽까지 모든 조직이 살아 있어야 했다면 광합성으로 얻는 한정된 에너지로는 더 큰 키와 체적을 유지하기 힘들었을 것이다. 그래서 자연은 이 효율적인 방식을 택했다. 심재는 비록 생명력을 잃었지만 오히려 그 희생적 포기를 통해 나무를 더욱 크게 자라게 한다. 이 모습은 참으로 역설적이다. 살아 있지 않으므로 에너지를 소모하지 않고 대신 물리적으로 튼튼해져서 나무가 바람이나 폭우에도 쉽게 쓰러지지 않게 한다. 심재의 주성분인 리그닌과 셀룰로오스는 시간이 지날수록 더욱 단단해져 나무의 구조적 안정성을 높인다. 나무가 수백 년을 버틸 수 있는 것도 바로 이 심재 덕분이다.

우리 주변에서도 다른 사람을 돕기 위해 자신을 희생하거나 혹은 전면에서 물러나 조용히 힘이 되어 주는 사람들이 있다. 큰 조직 안에서 빛나는 스타만이 중요한 것이 아니라 묵묵히 뒤를 받쳐 주는 존재가 얼마나 소중한지 깨닫게 해 주는 대목이다. 하트우드(Heartwood)라는 영어 단어는 생명을 잃으면서도 나무의 안정을 책임지는 그 중심부가 마치 나무의 진정한 마음 같은 존재라는 데서 비롯된 명칭이 아닐까 한다. 실제로 많은 문화권에서 나무의 중심부를 마음에 비유해 왔다. 한국에서도 '나무의 속'이라고 표현하며 그 중요성을 인식해 왔다.

심재는 희생이자 배려의 상징이기도 하다. 자기 자신은 살지 못하지만 전체의 이익을 위해 굳건히 서 있는 심재는 우리가 흔히 강조하는 협력과 양보와 관용의 자세를 그대로 구현하는 듯하다. 심재는 죽어서도 무관심하지 않고 계속해서 나무 전체를 사랑으로 떠받치고 있다.

희생과 배려, 심재가 보여주는 리더십

현대 사회에서 우리가 추구하는 리더십의 모습도 심재와 닮아 있다. 서번트 리더십은 리더가 구성원들을 섬기고 그들의 성장과 복지를 최우선으로 생각하며, 권위적 지시보다는 신뢰와 공감을 바탕으로 지원하고 함께 목표를 달성해 나가는 리더십 스타일이다. 진정한 리더는 자신이 전면에 나서서 주목받기보다는 조직의 구성원들이 잘 성장할 수 있도록 뒤에서 든든하게 받쳐 주는 역할을 해야 한다. 비로 심재의 철학과 일맥상통한다.

나무가 하나씩 모여 숲을 이룰 때 자연 생태계는 또 다른 아름다운 지혜를 보여준다. 숲이 형성되는 과정을 생태학에서는 천이라고 부르는데 대체로 맨 처음에는 작고 여린 풀꽃들이 자리를 잡는다. 이 풀꽃들은 거친 토양에도 어느 정도 적응이 가능하며 광합성 활동을 이어 가면서 땅을 조금씩 비옥하게 만든다. 토양의 영양 상태가 개선되면 그다음에는 비교적 키가 작은 관목들이 들어와 군락을 형성한다.

이끼류

그러고 나서 시간이 더 지나면 소나무와 같은 양수 식물이 햇빛이 많이 필요한 환경을 이용해 빠르게 자라게 된다. 이들은 척박한 땅에서도 잘 자라는 개척자 역할을 한다. 흥미로운 것은 이렇게 먼저 자리 잡은 풀꽃과 관목들이 결국에는 자신들이 만들어 놓은 그 비옥한 환경을 나중에 들어오는 큰 나무들에게 양보한다는 점이다. 양수 식물들이 무성해지면 빽빽한 잎이 햇빛을 가리고 토양과 수분을 활용해 더욱 거대하게 자란다.

다시 세월이 흐르면 이번에는 그늘에서도 잘 자라는 음수들 예를 들면 서어나무나 참나무 등이 숲 안쪽에 뿌리를 내려 더 높은 숲층을 형성하기 시작한다. 그러면 빛을 많이 필요로 하던 양수 식물들이 서서히 자리를 비워 주고 자연스럽게 다음 단계의 숲이 만들어진다.

양보와 희생으로 만들어지는 아름다운 질서

이 과정은 수십 년 또는 수백 년에 걸쳐 이어지며 식물들은 스스로 환경을 바꿔 가면서 새로운 종들이 들어오는 것을 묵묵히 받아들인다. 결국 숲은 서로 다른 식물들이 차례대로 등장하고 그 변화 과정 속에서 이전 세대 식물들은 후배 격인 식물들을 위해 자리를 양보한다. 이것이 바로 식물 세계가 보여주는 배려와 희생이며 다름을 인정하는 태도가 만들어 내는 자연스러운 질서다. 숲의 천이 과정은 인간 사회의 세대교체와 닮아 있다. 마치 기성세대가 후배들을 위해 길을 열어 주고 자신들이 쌓아 온 경험과 지혜를 물려주는 모습과 같다. 숲에서는 경쟁보다는 협력이 생존의 핵심 전략이다.

현대 사회는 개인의 성공과 성취를 중시하는 경향이 강하다. 누구나 주목받고 인정받고 싶어 한다. 하지만 심재의 지혜는 우리에게 다른 관점을 제시한다. 때로는 자신이 전면에 나서지 않더라도 전체를 위해 묵묵히 자신의 역할을 해내는 것이 더 큰 가치를 만들어 낸다는 것이다. 가정에서도 마찬가지다. 화려하게 드러나지 않지만 가족을 위해 묵묵히 희생하는 부모의 사랑이나 형제자매를 위해 양보하는 마음이 바로 심재의 정신이다. 직장에서도 자신의 공을 드러내기보다는 동료들이 성공할 수 있도록 돕는 사람들이 있다. 이들이 바로 조직의 심재 역할을 하는 사람들이다.

심재는 우리에게 진정한 강함이 무엇인지도 가르쳐 준다. 살아 있을 때의 유연함과 죽은 후의 견고함 모두가 나무에게는 필요하다. 젊은 나무는 유연해야 하고 늙은 나무는 견고해야 한다. 인생도 마찬가지다. 젊을 때는 유연하게 적응하며 배우고 나이가 들면서는 견고한 신념과 철학으로 후배들을 이끌어야 한다.

심재가 가진 탄소의 가치

기후 변화 시대에 나무의 중요성이 더욱 부각되고 있다. 나무가 이산화탄소를 흡수하고 산소를 배출하는 것은 잘 알려진 사실이지만 심재의 역할도 무시할 수 없다. 심재에 저장된 탄소는 나무가 살아 있는 동안 대기 중으로 방출되지 않는다. 오래된 거대한 나무일수록 더 많은 탄소를 심재에 저장하고 있다.

이는 나무 보호가 단순히 환경 보호를 넘어서 기후 변화 대응의 핵심 전략임을 보여준다. 특히 수백 년 된 거대한 나무들을 보호하는 것이 중요한 이유도 여기에 있다. 이들의 심재에는 수십 년 또는 수백 년에 걸쳐 축적된 탄소가 저장되어 있기 때문이다. 목재 산업에서도 심재의 가치는 특별하다. 심재로 만든 가구나 건축 자재는 변형이 적고 내구성이 뛰어나다. 우리 조상들이 심재를 이용해 만든 한옥이나 목조 건물들이 수백 년을 버티는 것도 바로 심재의 견고함 때문이다.

인생을 살다 보면 누구나 한 번쯤은 자신의 존재 가치에 대해 의문을 품게 된다. 특히 나이가 들어 일선에서 물러나게 될 때나 병으로 인해 활동이 제한될 때 그런 생각이 더욱 강해진다. 하지만 심재의 존재는 우리에게 다른 관점을 제시한다. 활발한 활동을 하지 못한다고 해서 존재 가치가 없어지는 것이 아니다. 오히려 그런 상황에서도 다른 방식으로 가치를 창출할 수 있다. 경험과 지혜로 후배들을 지도하거나 묵묵한 지지로 힘이 되어주는 것도 충분히 의미 있는 일이다. 퇴직 후의 삶도 마찬가지다. 현역에서 물러났다고 해서 쓸모없는 존재가 되는 것이 아니다. 심재처럼 다른 방식으로 사회와 가정에 기여할 수 있다. 자원봉사나 멘토링 손자. 손녀 돌봄 등을 통해 새로운 형태의 가치를 만들어 낼 수 있다.

큰 나무가 되고 싶다면 심재의 마음을 가져야 한다. 우리는 서로의 다름을 이해하고 인정함으로써 더 큰 공동체를 만들어 갈 수 있다. 때로는 자신이 전면에 나서지 않더라도 다른 사람들이 성장할 수 있도록 든든한 지지대가 되어 주는 것이 더 값진 일일 수 있다.

숲을 거닐며 거대한 나무를 만날 때마다 그 중심에 자리한 심재를 생각해 본다. 우리도 작은 하트우드(heartwood)가 되어 이 세상을 조금 더 아름답고 따뜻한 곳으로 만들어 갈 수 있을 것이다. 나무의 마음은 결국 사랑의 마음이다. 자신을 희생해서라도 전체를 살리려는 무조건적인 사랑의 마음이다. 이런 마음을 가진 사람들이 많아질 때 우리 사회도 숲처럼 아름답고 조화로운 공동체가 될 수 있을 것이다.

제2장

식물은 자신만의 때를 기다린다

식물은 욕심을 버리고 생존의 본질에만 집중한다.
뿌리를 통해 영양분을 나누고 서로 위험을 알리며
더불어 살아가는 삶의 지혜를 보여준다.

1. 누가 뭐래도 나만의 방식대로 산다

경쟁하면서
공존하는 숲

"세상에서 보고 싶은 변화가 있다면 당신 스스로 그 변화가 되어라."
Be the change you wish to see in the world.

– 마하트마 간디(Mahatma Gandhi)

 도심을 걷다 보면 아스팔트 틈새로 고개를 내민 작은 풀꽃을 발견할 때가 있다. 누군가는 그저 잡초라며 지나치겠지만 이 작은 생명체가 보여주는 강인함은 우리에게 깊은 울림을 전한다. 단단한 포장도로 사이 좁은 틈이라는 극한의 환경에서도 뿌리를 내리고 꽃을 피워내는 모습은 현대인이 잃어버린 소중한 가치를 일깨워 준다. 식물의 역사는 인간보다 상상할 수 없을 정도로 훨씬 오래되었다. 4억 6천만 년 전 바다에서 육지로 올라온 작은 이끼류부터 시작해 지구 환경의 극심한 변화 속에서도 끊임없는 적응과 혁신을 동해 오늘날 푸른 지구를 만들어 냈다. 현재 우리 주변에서 볼 수 있는 식물의 대부분은 꽃이 피는 속씨식물로 수천만 년 이상의 진화가 빚어 낸 결과물이다.

바위틈 참나무가 보여주는 묵묵한 생명력

산길을 따라 걷다 보니 험준한 절벽 바위 틈새에 단단히 자리 잡은 갈참나무와 마주쳤다. 물이 쉽게 공급되지 않고 영양분도 부족한 척박한 환경임에도 불구하고 이 나무는 웅장한 자태를 뽐내며 서 있다. 바위틈에 단단히 뿌리를 고정하고 조금이라도 더 많은 빛과 물을 받기 위해 몸을 펼치며 묵묵히 성장해 왔다. 수십 년의 세월이 흐른 후 이 나무는 시원한 그늘을 만들어 주변 생물들에게 안식처가 되어 준다.

더욱 놀라운 것은 이런 나무들이 결코 자신의 환경을 원망하지 않는다는 점이다. 모진 비바람과 메마른 토양 속에서도 오직 현재 상황에 충실할 뿐이다. 깊게 내려갈 수 없는 뿌리를 최대한 활용하고 제한된 자원으로 최선의 결과를 만들어 낸다. 시간이 흐르면 도토리와 같은 열매를 풍성히 맺어 다람쥐와 새들의 소중한 식량원이 된다. 인간에게도 다양한 용도로 활용되며 자연과 인간을 연결하는 매개체 역할을 한다.

비탈에서 바위를 붙잡고 성장한 갈참나무

 극지방이나 고산 지대처럼 영하 30도 이하로 떨어지는 혹독한 환경에서도 식물들은 살아남는다. 체내에 당류나 단백질을 저장해 세포가 어는 것을 방지하고 지표면 가까이 군락을 이루며 추위를 견딘다. 짧은 여름 동안은 순간을 놓치지 않고 광합성을 활발히 해 겨울을 위한 양분을 준비한다. 사막의 선인장들은 잎을 가시로 변형시켜 수분 손실을 최소화하고 줄기에 물을 저장할 수 있는 특별한 조직을 발달시켰다. 강렬한 햇빛으로부터 자신을 보호하기 위해 표면을 왁스층으로 덮거나 빛을 반사시켜 내부 온도를 조절한다.

몬스테라의 구멍이 전하는 빛 나눔의 철학

울창한 숲속에서는 식물들이 제한된 빛과 자원을 두고 치열한 생존 경쟁을 벌인다. 그러나 이들은 서로의 성장을 방해하기보다는 위치와 시간 그리고 양분을 나누어 사용하며 공존의 지혜를 보여준다. 착생 식물들은 다른 나무에 올라타 빛을 확보하고 일부 식물은 남들보다 빨리 싹을 틔워 봄철 짧은 시간 동안 빛을 독차지한다. 실내 식물 애호가들의 사랑을 받는 몬스테라는 중남미 밀림에서 자라는 식물이다. 몬스테라 잎은 자라면서 특별한 구멍과 깊게 갈라지는 현상을 보여준다. 이는 단지 자연이 빚어 낸 아름다움이 아니라, 햇살이 아래층 식물들에게도 골고루 스며들도록 배려하는 이타적 설계로 여겨진다.

나무가 말라 죽은 가지나 빛을 받지 못하는 가지를 과감히 떨어뜨리는 장면 역시 중요한 의미를 담고 있다. 큰 나무의 아래쪽 가지들이 거의 없거나 마른 채로 남아 있는 것은 누군가가 억지로 잘라 낸 것이 아니라 나무 스스로가 쓸모없는 가지임을 인식하고 제거한 결과다. 빛을 받지 못하는 가지는 광합성도 충분히 할 수 없으면서 밤에는 산소를 소모하며 호흡만 하므로 에너지 면에서 나무 전체에 손해가 된다. 그래서 나무는 자기 보존과 성장을 위해 해당 가지를 단호하게 버린다.

　심리학자 에리히 프롬은 "인간이 진정한 자유를 얻으려면 뭔가를 포기할 수 있어야 한다."고 강조했다. 불필요한 가지를 쳐내는 용기가 없으면 제대로 자랄 수 없다는 이야기다. 새로운 성장을 위해서는 에너지를 낭비하는 군더더기들을 적절한 시점에 떨쳐내야 한다. 살다 보면 이미 득이 되지 않는 습관이나 소모적인 관계 그리고 필요 이상의 물건을 쌓아 놓은 채로 지내는 경우가 많다. 하지만 이것들을 아깝다는 이유로 계속 지니고 있으면 오히려 더 중요한 일에 쓸 에너지를 뺏기게 된다.

가진 것에 집착하지 않는 식물

현대 사회가 물질적 풍요를 많이 소유하고 많이 소비하는 것으로 인식하는 경향이 짙어지면서 소유와 축적에 대한 욕망도 끊임없이 커진다. 그러나 나무를 보면 풍요가 욕심껏 가지를 뻗고 잎을 잔뜩 달아두는 모습과는 거리가 멀다. 오히려 균형을 지키려 애쓴다. 과도하게 가지를 뻗으면 태풍이나 강풍에 쉽게 휘둘릴 수 있고 필요 이상의 잎은 오히려 에너지를 소모하기 때문이다.

숲을 거닐다 보면 키가 큰 나무와 작은 나무 그리고 잎이 빽빽한 나무와 듬성한 나무가 한 공간에서 조화를 이룬다. 그런데 그들 사이에는 시기나 질투의 기색이 없다. 사람이라면 비교하면서 열등감을 느끼거나 부러워하며 스스로를 학대하기 쉽지만 나무들의 세계에서는 그런 장면을 발견하기 어렵다. 이는 자연 생태계가 각자의 위치에서 각각의 역할을 수행하는 구조로 짜여 있기 때문이다.

어느 나무는 키가 작아도 그늘진 곳에서 더 잘 자라는 능력을 갖추고 있고 또 다른 나무는 물이 부족한 땅에서 뿌리를 길게 내리는 방법을 터득했을 수 있다. 이런 다양한 방식들이 모여 숲이라는 하나의 공동체를 만든다. 인간 사회가 끊임없이 경쟁을 부추기며 옆 사람이 얼마나 더 갖고 있는지 비교하라고 압박하는 상황에서 우리는 불안과 열등감 그리고 때로는 허무함에 시달린다.

어렵지만 가진 것을 나누는 여유

경제적으로 풍족하지 못해도 시간을 조금씩 나누어 봉사활동을 하거나 소액이라도 기부를 하는 사람들이 있다. 내가 다니는 교회의 한 집사님은 넉넉하게 사는 모습이 아닌데도 주변 사람들을 돕는다. 노숙자들을 위해 식사를 제공하기도 하고 우리나라에 정착한 탈북민이나 동남아시아 사람들을 위한 봉사로 항상 분주하다.

식물들이 보여주는 베풂의 모습도 인상적이다. 식물도 남아서가 아니라 가진 에너지 중 일부를 필요한 다른 생명체에게 나누며 산다. 나무가 만들어 내는 열매나 씨앗 그늘과 산소는 동물과 사람은 물론 토양과 미생물에게도 큰 자원이 된다. 낙엽으로 떨어진 잎은 흙에 스며들어 다시금 새로운 식물이 자랄 영양분이 된다.

일종의 상호 순환 고리 안에서 나무의 베풂과 자연의 반응이 조화를 이루며 숲이라는 공동체는 계속해서 생기를 유지한다. 모두가 자기 이익만을 좇거나 베풂에 인색하기 시작하면 사회라는 거대한 숲도 메말라 간다. 반대로 내가 가진 것 중 일부를 이웃과 나누거나 시간과 재능을 조금이라도 기부하면 그 에너지가 또 다른 사람에게 전달되어 선순환이 일어난다.

우리들은 어려운 환경을 탓하고 때로는 좌절하며 쉽게 포기한다. 그러나 식물은 주어진 환경에 대해 어떠한 불평이나 원망도 하지 않는다. 바위틈이나 사막 극지방 혹은 수면 아래와 같은 다양한 환경에 놓이더라도 묵묵히 자신의 방법으로 적응하며 살아간다. 씨앗이 오래 잠들어 있다가도 조건이 맞아떨어지는 순간 망설임 없이 발아하고 빛을 받아 마침내 자신만의 꽃을 피워낸다.

한 그루의 나무가 자라나면 그 그늘 아래에서 수많은 생명체들이 안식을 얻고 수많은 열매가 또 다른 생명의 기틀이 된다. 식물이 지닌 베풂의 본능은 자연 생태계를 더욱 풍요롭게 만들 뿐만 아니라 장기적으로 자신의 종이 번영할 수 있는 길을 연다.

다래나무와 더불어 살아가는 나무

자신만의 속도로 살아가는 나무들

우리는 자신의 능력은 알지 못한 채 종종 남보다 앞서 나아가는 일에 거의 모든 힘을 쏟는다. 그 결과 우리는 속도와 부에 집착하면서 자신이 정말로 무엇을 원하는지 어디에서 행복과 의미를 찾을 수 있는지를 놓쳐 버리곤 한다. 하지만 시간을 내어 숲을 거닐거나 길가에 서 있는 나무 한 그루를 유심히 바라보면 '과연 우리가 지향해야 할 삶은 무엇인가?'라는 근원적이고 궁극적인 질문이 떠오른다.

나무는 더 크고 빠르게 자라는 나무가 부럽다고 중얼대지 않는다. 주어진 햇빛과 물 그리고 토양에 감사하며 그 한도 안에서 열심히 가지를 뻗고 잎을 펼치고 열매를 맺는다. 그리고 필요 없는 부분은 과감히 떨쳐내며 남은 자원으로는 동물과 곤충 그리고 토양에게 넉넉하게 기여한다. 인간이 깜빡 잊고 지낼 때가 많은 균형과 베풂의 가치를 저들은 자연스럽게 실천하고 있는 셈이다.

우리가 살면서 많은 것을 움켜쥐고 있으면서도 항상 부족함이 사라지지 않는 것은 절대적 결핍이라기보다는 상대적 비교와 과도한 욕심에서 비롯되는 경우가 많다. 불필요한 에너지는 절약하고 내가 가진 것을 지혜롭게 베풀며 쓸데없는 비교에서 벗어나 자기만의 속도로 성장을 추구하는 삶이 바로 나무가 말해 주는 균형과 베풂의 미학이라 할 수 있을 것이다.

물푸레나무

2. 비우고 느리게 사는 삶, 시간을 이긴다

100년에 3센티미터, 무드셀라 소나무

"마음에 말을 거는 것들만 간직하고, 나머지는 과감히 버려라."
Keep only those things that speak to your heart. Then take the plunge and discard all the rest.

- 『인생이 빛나는 정리의 마법』, 곤도 마리에(Marie Kondo), 더난출판사

지난 가을 남양주시 진접읍에 위치한 봉선사를 찾았다. 고려 광종 대에 창건된 이 천년 고찰은 원래 운악사라는 이름으로 불렸으나 조선 예종 대에 세조의 능침 사찰이 되면서 봉선사로 개칭되었다. 절 경내에는 세조의 비인 정희 왕후가 직접 심었다고 전해지는 느티나무 한 그루가 우뚝 서 있다. 수령 5백 년을 넘긴 이 거대한 느티나무는 지나온 세월의 무게를 고스란히 품고 있으면서도 지금 이 순간에도 생명력 넘치는 모습으로 방문객들에게 깊

은 감동을 선사한다.

 봉선사에서 포천 방향으로 조금 더 이동하면 예전 광릉수목원으로 불렸던 국립수목원이 나타난다. 이곳 또한 갈참나무와 전나무 등 100년 이상 된 거대한 나무들이 많다. 숲을 걸으며 이런 장수목들을 마주할 때마다 한 가지 의문이 든다. 과연 이 나무들은 어떻게 그 긴 세월 동안 모진 비바람과 혹독한 환경을 견디며 살아남을 수 있었을까.

봉선사 느티나무 (수령 500년)

5,000년을 살아온 지구 최고령 생명체

미국 LA에서 자동차로 약 5시간 거리에 있는 시에라네바다산맥의 화이트마운틴 일대는 극한의 자연환경으로 악명 높다. 해발 3천 미터가 넘는 이 고산 지대에는 브리슬콘소나무라는 특별한 나무가 서식한다. 이 가운데 한 그루인 '무드셀라 나무'는 2020년 기준으로 무려 4,850년이라는 경이로운 나이를 자랑한다. 이는 현재 지구상에서 확인된 가장 오래된 단일 생명체로 기록되어 있다. 4,850년 전은 한반도에서 신석기 시대가 끝나고 청동기 문화가 자리 잡을 시기이다. 이 나무는 이 시기부터 지금까지 살아오고 있다.

'무드셀라'라는 이름은 성경에 등장하는 인물에서 따온 것이다. 노아의 할아버지였던 무드셀라가 969세까지 살았다는 기록에서 착안하여 가장 장수하는 나무에 이 이름을 붙인 것이다. 그런데 이 나무의 외형은 우리가 상상하는 거대하고 웅장한 모습과는 사뭇 다르다. 100년에 고작 3센티미터 정도밖에 자라지 않아 작고 비틀어진 모양새를 하고 있다. 언뜻 보면 말라 죽은 고목처럼 보이기도 한다. 하지만 바로 이런 모습이야말로 극한 상황에서 생존하기 위한 놀라운 전략의 결과물이다.

'비우고 느리게 무드셀라의 비움 철학'

무드셀라 소나무의 첫 번째 생존 비결은 바로 '극도로 느린 성장'에 있다. 대부분의 나무들이 빠르게 자라 하늘로 치솟으려 할 때 이 나무는 정반대의 전략을 선택했다. 천천히 조금씩 자라면서 에너지 소모를 최소화하는 것이다. 이런 성장 방식은 혹독한 환경에서 매우 유리하다. 화이트마운틴 일대는 연평균 강수량이 매우 적고 겨울에는 영하 40도까지 떨어지는 극한의 추위를 견뎌야 하는 곳이다. 여름에도 강렬한 자외선과 건조한 바람이 끊임없이 나무를 괴롭힌다. 이런 상황에서 빠른 성장은 오히려 독이 된다. 충분한 영양분도 공급받지 못하면서 무리하게 몸집을 키우다가는 금세 고사하고 말기 때문이다.

브리슬콘소나무(Wikimedia Commons)

프랑스의 작가 밀란 쿤데라는 그의 소설 『느림』에서 '느림의 즐거움이 사라진 곳에서는 삶 자체기 사라진다'고 했다. 무드셀라 소나무는 바로 이런 느림의 지혜를 체현한 존재다. 성급하게 결과를 얻으려 하지 않고 자신의 페이스를 유지하며 꾸준히 나아간다. 그 결과 다른 나무들이 모두 사라진 척박한 땅에서도 홀로 살아남을 수 있었다.

무드셀라 소나무의 두 번째 비결은 '과감한 비움'이다. 이 나무는 생존에 꼭 필요한 것들만 남기고 나머지는 모두 포기한다. 무성한 잎사귀나 화려한 꽃 대신 최소한의 바늘잎만 달고 있다. 굵고 웅장한 줄기 대신 뒤틀리고 쪼그라든 형태를 택했다. 얼핏 보면 초라해 보일 수 있지만 이것이야말로 생존을 위한 최적의 선택이다. 잎이 많으면 그만큼 수분 증발량도 늘어난다. 물이 귀한 사막과 같은 환경에서는 치명적인 약점이 될 수 있다. 또한 커다란 줄기는 강풍에 더 많이 노출되어 부러질 위험이 크다. 무드셀라 소나무는 이 모든 위험 요소들을 제거하고 생존에 가장 유리한 형태로 자신을 만들어 간 것이다.

우리는 흔히 더 많이 갖고 더 크게 성장하는 것을 성공이라고 여긴다. 하지만 진정한 지혜는 때로 불필요한 것들을 과감히 내려놓는 데 있을지도 모른다. 일본의 정리 컨설턴트 곤도 마리에는 "진정으로 기쁨을 주는 것들만 남기고 나머지는 버리라."고 조언했는데 무드셀라 소나무가 바로 이런 철학을 수천 년 전부터 실천해 온 셈이다.

상처를 치유하는 놀라운 회복력

무드셀라 소나무의 세 번째 비결은 놀라운 '자가 치유 능력'이다. 혹독한 환경에서 살다 보면 상처를 입는 것은 피할 수 없다. 강풍에 가지가 부러지고 벼락을 맞아 껍질이 벗겨지기도 한다. 극심한 추위로 조직이 손상되는 일도 빈번하다. 하지만 이 나무는 상처를 입으면 즉시 치유 과정에 들어간다. 손상된 부위 주변의 살아있는 조직들이 빠르게 활동을 시작해 상처를 봉합한다. 수지를 분비해 세균 감염을 막고 새로운 세포 생성을 통해 원래 상태로 복구해 나간다. 이런 과정이 반복되면서 나무는 점점 더 강해진다.

특히 주목할 점은 이 나무가 상처 입은 부분에 오래 매달리지 않는다는 것이다. 치유가 불가능한 부위는 과감히 포기하고 살아있는 부분에 집중한다. 때로는 줄기의 90% 이상이 죽은 상태에서도 남은 10%의 생명력으로 계속 살아간다. 이런 모습은 마치 인간이 과거의 상처나 실패에 얽매이지 않고 앞으로 나아가는 것과 닮아 있다.

척박한 환경에서 더 오래 사는 나무들

우리나라에도 무드셀라 소나무와 비슷한 생존 전략을 보여주는 나무들이 많다. 한라산과 지리산 등 고산 지대에서 살고 있는 우리나라 특산종인 구상나무들은 강한 바람과 추위를 견디며 수백 년을 버텨 왔다. 강원도 정선 두위봉 일대에서 많이 볼 수 있는 주목들은 1,100살에서 1,400살에 이르는 나무들이 많다. 경기도 용문산의 은행나무는 1,100년이 넘는 나이에도 불구하고 해마다 아름다운 단풍으로 사람들을 매혹시킨다. 강원도 도계리 느티나무도 1,000살이 넘었다고 한다. 우리나라 장수 나무는 주로 주목과 은행나무, 느티나무들이다.

느티나무

　이런 나무들의 공통점은 모두 무드셀라 소나무처럼 극한의 환경에서 자란다는 것이다. 높은 산의 바위틈이나 척박한 토양, 물이 부족한 곳에서도 꿋꿋하게 살아간다. 오히려 좋은 조건의 평지보다 이런 어려운 환경에서 더 오래 사는 경우가 많다. 이는 역설적이지만 어려움이 때로는 생명력을 더욱 강하게 만든다는 것을 보여준다.

　현대 의학에서는 '호르메시스'라는 개념이 주목받고 있다. 적당한 스트레스, 아주 작은 양의 독소나 약한 스트레스가 오히려 생명체를 더 강하게 만든다는 이론이다. 무드셀라 소나무가 바로 이 원리를 증명하는 살아 있는 사례다. 혹독한 환경이라는 스트레스가 나무의 면역력과 회복력을 극대화시킨 것이다.

우리 인간도 마찬가지다. 적당한 운동이라는 스트레스는 근육을 강하게 만들고 정신적 도전은 뇌 기능을 향상시킨다. 문제는 스트레스 자체가 아니라 그것을 어떻게 받아들이고 극복하느냐에 있다. 무드셀라 소나무처럼 상처를 빠르게 치유하고 불필요한 부분은 과감히 포기하는 지혜가 필요하다. 심리학자 빅터 프랭클은 "인간은 자신에게 일어나는 일을 선택할 수는 없지만 그것에 어떻게 반응할지는 선택할 수 있다."고 했다. 무드셀라 소나무의 삶이 바로 이런 선택의 연속이었다. 혹독한 환경이라는 주어진 조건은 바꿀 수 없었지만 그에 대응하는 방식은 스스로 결정할 수 있었다.

자연에서 배우는 삶의 지혜

무드셀라 소나무의 생존 전략은 오래 살기를 염원하는 현대인들에게도 유용한 지침을 제공한다. 첫째는 속도에 대한 재고다. 우리는 빠른 것이 좋은 것이라고 믿어왔지만 때로는 느림이 더 지속 가능한 전략일 수 있다. 급하게 성과를 내려다가 번아웃에 빠지기보다는 자신만의 페이스를 유지하며 꾸준히 나아가는 것이 중요하다.

둘째는 소유에 대한 관점 전환이다. 더 많이 갖는 것보다 진정 필요한 것만 남기고 나머지는 내려놓는 용기가 필요하다. 물질적 풍요가 반드시 행복을 보장하지는 않는다. 오히려 과도한 소유욕이 스트레스의 원인이 되기도 한다. 셋째는 회복력 기르기다. 상처나 실패를 겪었을 때 그것에 매몰되지 않고 빠르게 치유하는 능력이 중요하다. 과거에 얽매이기보다는 현재와 미래에 집중하는 자세가 필요히다. 정신 건깅 진문가들이 강조하는 '회복 탄력성'과 일맥상통하는 부분이다.

최근 산림 치유나 숲속 명상이 주목받는 이유도 이와 무관하지 않다. 자연 속에서 시간을 보내면 스트레스 호르몬인 코르티솔 수치가 낮아지고 면역력이 향상된다는 연구 결과들이 속속 발표되고 있다. 특히 오래된 나무들이 뿜어내는 피톤치드는 인간의 자율 신경을 안정시키고 심리적 안정감을 준다. 무드셀라 소나무 같은 장수목들을 바라보는 것만으로도 치유 효과가 있다. 그들의 묵묵한 존재감은 현대인들의 조급함과 불안을 달래준다. 수천 년을 버텨 온 생명체 앞에서 우리의 일상적 고민들이 얼마나 작고 일시적인 것인지 깨닫게 된다.

무드셀라 소나무의 가르침은 결국 단순함으로 귀결된다. 복잡한 이론이나 어려운 기술이 아니라 가장 기본적인 원칙들을 충실히 따르는 것이다. 천천히 가되 꾸준히 가고 필요 없는 것은 과감히 버리며 상처는 빠르게 치유하라는 메시지다. 이런 단순함이야말로 현대인들이 가장 어려워하는 부분일지도 모른다. 우리는 복잡함에 익숙해져 있고 단순한 것을 유치하거나 시시하다고 여기는 경향이 있다. 하지만 진정한 지혜는 복잡한 것을 단순하게 만드는 데 있다.

무드셀라 소나무의 삶은 바로 이런 단순함의 극치를 보여준다. 화려하지 않고 웅장하지도 않지만 가장 본질적인 것에 충실했기에 5,000년이라는 경이로운 시간을 버틸 수 있었다. 그 과정에서 수많은 계절의 변화를 목격했고 인간 문명의 흥망성쇠를 지켜봤다. 무드셀라 소나무가 우리에게 전하는 메시지는 명확하다. 어떤 어려움이 닥쳐도 포기하지 말고 자신만의 방식으로 꾸준히 살아가라는 것이다. 남들과 비교하지 말고 자신의 페이스를 유지하며 진정 소중한 것들을 지켜나가라는 것이다.

  5,000년 가까이 살아온 이 나무 앞에서 우리는 겸손해진다. 인간의 수명이나 문명의 역사가 얼마나 짧은 것인지 실감하게 된다. 동시에 생명의 신비로움과 자연의 위대함에 감탄하게 된다. 이런 경험 자체가 치유가 되고 성장이 된다. 숲을 거닐며 오래된 나무들을 마주할 때마다 무드셀라 소나무의 이야기를 떠올려 보자. 그들이 전하는 조용하지만 강력한 메시지에 귀 기울여 보자. 비우고 느리게 그리고 빠른 치유라는 3가지 원칙만 기억한다면 우리의 삶도 한층 더 건강하고 지속 가능해질 것이다.

갈참나무

3. 더불어 살아가는 숲의 지혜

에너지 순환으로
완성하는 숲 생태계

"혼자 가면 빨리 갈 수 있지만, 함께 가면 멀리 갈 수 있다."
If you want to go fast, go alone. If you want to go far, go together.

– 〈아프리카 속담〉

한여름 나무가 우거진 숲속을 거닐다 보면 식물은 바람이 불면 잎을 흔드는 것 말고는 할 수 있는 것이 아무것도 없는 것처럼 보인다. 실제로 식물은 슬픔이나 기쁨 같은 감정을 겉으로 드러내지도 않는다. 실제로 나무는 아무것도 하지 않고 있는 것처럼 보이지만 식물의 잎과 줄기, 뿌리 등에서는 생존을 위해, 그리고 후손을 남기기 위한 수많은 활동이 활발하게 이루어지고 있다. 식물의 잎에서는 광합성을 통해 태양 에너지를 흡수하여 영양분을 만들어 내고, 줄기와 가지에서는 수분과 영양소를 온몸으로 전달하는 정교한 시스템이 작동하고 있다. 뿌리는 땅 깊숙이 뻗어 나가 토양 속 미네랄과 수분을 찾아내며, 주변 식물들과도 신호를 주고받으며 정보를 교환한다.

지구생태계에서 식물이 맡고 있는 역할을 생각해 보면 그 특별함과 중요성은 더욱 두드러진다. 지구상의 모든 생명체가 각자의 방식으로 생태계에 존재감을 과시하지만 식물만큼은 생명의 근간을 이루는 존재로 더욱 각별하다. 대부분의 동물과 곤충 그리고 인간까지도 식물이 만들어 내는 에너지에 의존하여 살아가기 때문이다. 식물은 광합성을 통해 공기 중의 이산화탄소와 물 그리고 햇빛을 합성해 새로운 유기물을 만들고 이 과정에서 산소를 배출한다.

나뭇잎과 줄기, 뿌리에 저장된 식물이 만들어 낸 에너지가 아니었다면 우리가 먹는 대부분의 식량은 생겨날 수 없었을 것이다. 이렇듯 식물은 지구생태계에서 '최초의 에너지원'을 생산 공급하는 존재다. 게다가 식물은 자신이 쓸 에너지를 최소한으로 소비하고 남은 부분을 잎과 뿌리 열매 등에 저장한다. 이런 잉여분을 곤충이나 동물이 섭취하여 생존할 수 있으니 식물의 나눔은 생명계 전체의 지속 가능성을 지탱하는 토대가 된다.

곤충을 부르기 위한 허니가이드

식물의 배려와 희생은 꽃을 통해 더욱 극적으로 드러난다. 봄철 숲이나 들을 가만히 살펴보면 눈부시게 피어난 다양한 꽃마다 곤충들을 위한 '허니가이드'가 존재하는 것을 알 수 있다. 이 허니가이드는 꽃 속에 있는 꿀이 어디에 있는지 벌과 나비 같은 작은 곤충들에게 알려주는 무늬나 선을 의미한다. 얼핏 곤충들을 위한 자비로운 안내 표지처럼 보이지만 사실 식물도 분명한 목적이 있다. 곤충이 꽃 속에서 꿀을 먹는 동안 꽃가루를 몸에 묻혀 다른 꽃으로 옮겨 주기를 기대하는 것이다. 식물은 자가수분 즉 근친결혼이 반복될 경우 유전적 다양성이 떨어지며 더 건강한 후손을 얻기 어려움을 이미 장구한 세월 속에서 깨달았다.

산철쭉의 허니가이드   도라지꽃의 암수술

그래서 서로 다른 개체끼리 수분을 주고받도록 온갖 전략을 동원한다. 그 과정에서 곤충에게 먹을 것을 나누어 주는 것은 물론이거니와 한층 수분 효율을 높이기 위해 꽃의 구조나 개화 시기까지 치밀하게 조정한다. 근친교배를 피하려는 식물들의 전략은 놀랍도록 정교하다. 어떤 식물은 암술과 수술이 서로 다른 시기에 성숙되도록 하여 한 꽃 안에서도 자가수분이 일어나지 않도록 막는다. 소나무는 암꽃과 수꽃을 아예 다른 위치에 배치해 바람에 의해 꽃가루가 흩날리더라도 최대한 서로 섞여 받도록 유도한다.

누리장나무처럼 꽃의 구조가 독특해 암·수술이 구부러지는 방향이 달라지는 경우도 있고 때로는 완전히 다른 시기에 개화해 자가수분을 피하기도 한다. 이러한 식물의 행동은 후손을 향한 배려이자 미래 세대를 위한 희생에 가깝다. 눈에 보이지 않을 뿐 그 안에는 엄청난 시행착오와 세대에 걸친 지혜가 담겨 있다.

누리장나무 꽃

식물의 나눔과 배려는 단지 꽃과 곤충 사이의 관계에 그치지 않는다. 최근 과학계의 연구 결과는 우리를 놀라게 한다. 숲에서는 서로 다른 개체의 나무들이 뿌리를 통해 영양분을 주고받는 일이 밝혀졌다. 체력이 약한 나무가 주변 나무로부터 뿌리나 균근 네트워크를 통해 탄수화물 형태의 에너지를 공급받기도 한다. 어떤 나무가 병해충이나 다른 위험 요인에 노출되면 자기 잎에서 방출하는 화학 신호를 통해 주변 나무에게 미리 경고해 주는 사례도 보고되었다. 식물이 겉보기에는 홀로 선 존재 같지만 땅속 깊은 곳에서 서로 복잡하게 연결되어 정보를 교환한다는 점은 인간 사회와도 비슷하다.

상사화가 보여주는 이타적 사랑

상사화의 사례는 식물의 배려가 얼마나 세밀한지를 보여준다. 상사화는 봄이 되면 무성한 잎을 내어 광합성으로 에너지를 만들어 낸다. 그러고는 알뿌리에 그 에너지를 고스란히 보관한 뒤 잎은 제 역할이 끝나면 시들고 사라진다. 그 뒤 꽃대가 올라오면서 화사한 꽃을 피운다. 이때 잎은 이미 자취를 감춰서 꽃이 만개해도 둘이 함께 모습을 드러내지 않는다.

상사화

그래서 마치 잎과 꽃이 서로 보고 싶어 하는 듯한 '그리움'을 상징하는 이름이 붙었다. 그러나 이런 시차를 두는 전략은 식물 입장에선 한정된 자원을 최대한 효율적으로 쓰는 선택이기도 하다. 잎이 할 일을 다 하고 물러나면 그 자리를 꽃이 이어받아 번식이라는 중요한 임무를 수행하는 것이다.

산수국이 보여주는 지혜는 또 다른 감동을 준다. 중심부의 작은 꽃들만이 실제로 번식 기능을 수행하고 가장자리에 있는 화려한 헛꽃은 일종의 '미끼'나 '간판' 역할을 한다. 산수국의 가짜꽃은 자신이 담당하는 진짜꽃의 수분이 이루어지면 꽃잎을 뒤집어 혹시나 주변 다른 꽃들의 수분에 도움이 될 수 있도록 한다. 이 예쁜 가짜 꽃이 없으면 벌과 나비가 잘 찾아오지 않으니 산수국은 커다란 헛꽃을 만들고 그 안쪽에 진짜 꽃을 숨긴다.

가짜꽃으로 곤충을 유인하는 산수국

동물들을 위해 넉넉한 식량을 준비해 주면서도 정작 번식은 자기에게 꼭 필요한 부분에서만 이뤄지도록 설계한 것이다. 벌이나 나비 입장에서는 감미로운 꿀을 얻고 식물은 수분을 성사시켜 유전자를 퍼뜨릴 기회를 얻는다. 결국 산수국의 헛꽃은 '자신의 번식'과 '곤충을 향한 나눔'이라는 두 가지 목표를 동시에 이룬 셈이다.

자연은 이렇게 치열한 경쟁 속에서도 서로 손해를 보지 않는 방향을 찾아가는 경향이 있다. 그 배후에는 배려와 공존을 가능케 하는 진화의 힘이 작동한다.

경쟁보다 공존과 나눔을 선택한 생태계

자연에서 벌어지는 나눔과 배려, 희생은 우리 인간 세상과 대비되는 측면이 많다. 현대인들은 도시 아파트 단지에서 옆집에 누가 사는지도 모르는 경우가 흔하고 서로를 돕기보다는 경쟁하는 데 익숙해진 듯하다. 가난하고 불행한 이웃을 돕는 온정이 갈수록 줄어드는 현실은 사람 사이의 관계가 얼마나 삭막해졌는지를 보여준다.

물론 사회 구조와 일상 환경이 많이 달라져 단순 비교는 어렵지만 식물이 보여주는 조화로운 공존은 '서로 나누며 살아야 한다'는 사실을 다시금 깨닫게 해 준다. 한 그루의 나무가 숲 전체에 영향을 주듯 '한 개인의 배려가 결국 공동체의 건강성에 기여한다'는 것을 식물들은 증명하고 있다.

노벨 평화상을 수상한 마더 테레사 수녀는 "작은 일이라도 큰 사랑으로 하라."고 말했다. 우리가 살고 있는 지구는 식물들의 작은 배려가 모여 거대한 생태계를 이루고 있다. 지금 이 순간에도 숲속 어딘가에서는 영양분이 부족한 어린나무가 이웃 나무로부터 약간의 당류를 전달받고 있을지 모른다. 또 다른 곳에서는 해충의 공격을 받은 나무가 화학 신호로 주변 동료에게 위험을 알리고 있을지도 모른다.

자연은 경쟁과 약육강식의 장이기도 하지만 동시에 공존과 상호 의존의 장이기도 하다. 사람들 시선에는 목소리도 몸짓도 없는 것으로 보이는 식물이 수백만 년이 넘는 시간 동안 지구 환경에 적응하면서 마련해 온 방식은 결코 단순하지 않다. 무조건 자기 것만 챙기거나 독점을 추구했다면 아마 지금처럼 풍성한 숲이 형성되진 못했을 것이다.

숲을 거닐다 보면 나무들이 서로 경쟁하듯 하면서도 절묘하게 균형을 이루는 모습을 본다. 어떤 순간엔 햇빛을 차지하기 위해 치열하게 뻗어 나가는가 싶다가 또 어떤 순간에는 에너지가 부족한 개체를 돕거나 겨울잠을 준비하는 과정을 통해 공생의 지혜를 발휘한다. 공생이라는 것이 늘 평화롭고 아름답게만 보이지는 않아도 실제로 숲은 소리를 지르거나 분노를 드러내지 않고도 해마다 어김없이 새로운 순환을 이끌어 낸다. 그러면서도 흙으로 돌아간 낙엽이나 씨앗 미생물 곤충 동물까지 모두를 포용한다.

진정한 풍요는 나눔에서 시작

인간 사회도 본디는 그렇지 않았을까. 한때는 마을 단위로 골목 단위로 서로 도우며 살아가던 시절이 있었다. 집 앞에 자라는 나무나 텃밭의 작물을 이웃과 나누고 모르는 집 아이가 울고 있으면 누구라도 관심을 기울이는 풍경도 흔했다. 지금은 각자 바쁜 일상 속에서 개인주의가 심해지고 이웃에 누가 사는지도 모르는 상태로 살아간다. 매일같이 경쟁하느라 지쳐버린 현대인들에게 식물이 전하는 메시지는 그래서 더욱 묵직하게 다가온다. 조금 느리고 말없이 그러나 확실히 '함께 살아가는 힘'을 증명하는 식물의 모습은 어쩌면 우리가 잃어버린 본성을 일깨우는 듯하다.

내가 가진 것을 남에게 조금 나누어 주면 내 것이 줄어들 것 같아 보이지만 사실 진정한 풍요는 바로 그 나눔에서 시작된다. 숲도 마찬가지다. 개체 하나만 잘난다고 해서 전체가 유지되지 않는다. 땅속에서 서로 연결되어 영양분과 정보를 주고받으며 살아가기 때문에 숲은 수천 년간 그 자리를 지키며 이어져 왔다.

인간 사회 역시 제도나 정책 이전에 서로에 대한 관심과 사랑 그리고 누구든 약자를 보살피려는 마음가짐이 있어야 한다. 그러한 마음이 모일 때 비로소 한 사회의 근본적 토양이 풍성해지고 위기에도 쉽게 무너지지 않는다. 식물의 세상은 언제나 넉넉하고도 신비롭다. 겉으로는 경쟁하며 자라지만 빛과 물 영양분을 오랜 세월 돌려주고 보충해 주면서 결국 숲 전체가 건강을 유지한다. 스스로 이동할 수 없기에 더욱 긴밀한 방식으로 연결되고 다양한 진화를 거듭하며 오늘까지 살아남았다. 그 배후에는 '내가 곧 너이고 우리가 같이 살아야 한다'는 단순하고도 깊은 진리가 숨겨져 있다.

서부해당화

4. 시련을 견디며 다가오는 봄을 준비한다

혹독한 추위 속에서
꿈꾸는 미래

> "자연의 반복되는 선율에는 무한히 치유적인 무언가가 있다. 밤이 지나면 새벽이 오고, 겨울이 지나면 봄이 온다는 확신 말이다."
>
> There is something infinitely healing in the repeated refrains of nature, the assurance that dawn comes after night, and spring after winter.
>
> - 『침묵의 봄』 레이첼 카슨(Rachel Carson)

한겨울 숲길을 걸으며 앙상한 나뭇가지들을 바라보면 모든 생명이 멈춘 듯한 적막감이 느껴진다. 하지만 이 고요한 풍경 뒤에는 다가올 봄을 준비하는 식물들의 치밀한 전략이 숨어 있다. 겨울의 숲은 결코 죽어 있는 공간이 아니라 새로운 생명을 잉태하는 거대한 준비실이다. 주위에 떨며 걷는 우리와 달리 식물들은 이미 오래전부터 혹독한 계절을 견딜 방법을 터득해 왔다. 잎을 떨구고 영양분을 뿌리에 저장하며 겨울눈을 형성하는 모든 과정이 생존을 위한 정교한 설계다. 움직일 수 없다는 한계를 극복하기 위해 수백만 년에 걸쳐 진화해 온 식물들의 지혜는 놀랍기만 하다.

화려한 단풍은 겨울 준비의 신호

가을이 되면 산과 들에 펼쳐지는 화려한 단풍은 우리들에게 주는 단순한 자연의 아름다움이 아니다. 이 색채 변화는 식물이 겨울을 맞이하는 준비 과정에서 나타나는 현상이다. 여름 내내 잎에 푸른 생명력을 불어넣던 엽록소가 서서히 분해되면서 그동안 감춰져 있던 빨간색 안토시아닌과 노란색 카로티노이드 색소가 드러난다. 단풍이 짙어질수록 나무가 겨울 준비에 더욱 적극적으로 나서고 있다는 신호다.

이 시기에 나무들은 떨켜라는 특별한 조직을 형성해 낙엽을 준비한다. 잎과 가지를 연결하는 부분이 약해져 가벼운 바람에도 쉽게 잎이 떨어지게 만드는 정교한 메커니즘이다. 낙엽은 나무에게 단순한 폐기물이 아니라 겨울철 생존을 위한 필수적 선택이다. 추운 계절에는 물과 양분을 충분히 흡수하기 어려운 상황에서 광합성 효율이 떨어진 잎을 유지할 이유가 없기 때문이다. 잎 안의 수분이 얼면 조직이 파괴될 위험이 높아진다. 낙엽은 나무가 내린 현명한 판단의 결과다. 나무들은 매년 찾아오는 겨울이라는 춥고 힘든 계절을 각자의 방식으로 개척해 왔다. 한 계절을 포기함으로써 다음 계절을 준비하는 것이다.

겨울눈이 품고 있는 희망의 설계도

낙엽이 떨어진 자리에 남는 것은 겨울눈이다. 가지 끝이나 옆에 자리 잡은 작은 돌기처럼 보이는 이 구조물 안에는 이미 봄에 펼칠 새싹과 가지의 완벽한 설계도가 들어 있다. 사람의 눈에는 조그만 혹 같은 형태로 보이지만 몇 겹의 단단한 껍질과 솜털로 철저히 보호받고 있어 혹독한 추위에도 안전하게 유지된다. 침엽수의 눈 역시 작은 돌기처럼 보이지만 그 안에 모든 조직이 미리 준비되어 있다. 소나무나 전나무의 가지 끝을 보면 작은 갈색 눈들이 새끼손톱만 한 크기로 달려 있는데 이를 자세히 관찰하면 극한의 온도에서도 살아남을 준비가 되어 있음을 느낄 수 있다. 이러한 겨울눈은 식물이 움직이지 못하는 대신 겨울을 나며 봄을 기다리는 비밀 무기라고 할 수 있다.

가을에 모든 잎을 떨구는 낙엽수들은 냉해와 가뭄에 대비해 에너지 소비를 최소화하기로 결론을 내렸다. 참나무나 단풍나무처럼 우리 주변에서 흔히 볼 수 있는 낙엽수들은 가을의 화려한 색채만큼이나 겨울에는 앙상한 가지로 돌아선다. 잎을 모두 버리고 줄기와 뿌리에 양분을 저장해 혹독한 추위를 버티는 전략을 택한 것이다.

반면 상록수는 한겨울에도 잎을 유지하는 다른 방식을 선택했다. 소나무나 전나무 같은 침엽수는 바늘처럼 가늘고 긴 잎을 달아 수분 증발을 줄이고 내부 세포에 당류를 축적해 얼어붙지 않게 만든다. 동백나무나 사철나무 같은 상록활엽수는 두꺼운 잎과 표면의 왁스층으로 추위를 막고 겨우내 광합성을 이어 간다. 낙엽수가 잎을 버리는 대신 동면에 가까운 상태로 겨울을 보낸다면 상록수는 바늘잎이나 두꺼운 잎에 여러 방어 장치를 마련해 겨울철 광합성을 유지한다. 어떤 방식이든 결국 생존을 위해 자신에게 맞는 길을 찾은 것이 자연의 놀라운 다양성이다.

언 땅속에서도 이어지는 생명의 여정

나무뿐만 아니라 풀들도 각자만의 겨울나기 전략을 가지고 있다. 얼핏 보면 땅 윗부분이 말라 죽은 것처럼 보여도 대부분의 풀은 뿌리에 양분을 저장하고 겨울을 난다. 한해살이풀은 씨앗을 남기고 말라버리는 방식으로 다음 세대를 준비한다. 두해살이풀은 가을에 뿌리에 영양을 쌓은 뒤 첫해는 로제트 형태로 지내다가 다음 해 봄에 빠른 속도로 줄기를 키우고 꽃을 피운다.

여러해살이풀은 땅속뿌리나 알줄기에 양분을 머금고 있다가 봄이 오면 새로이 잎과 줄기를 뻗는다. 숲속이나 집 주위 화단에서 겨울에는 죽은 듯 보이던 풀들이 봄이 되자마자 생기 넘치게 자라는 광경을 본 적이 있다면 이것이 바로 땅속 양분 덕분이다. 겨울 동안에는 눈에 띄지 않지만 뿌리 안에서는 끊임없이 생명 현상이 이어진다.

가을에 떨어지는 낙엽은 나무에게서 분리되는 순간 숲 생태계 전체를 위한 또 다른 순환을 시작한다. 낙엽은 미생물과 곤충의 먹이가 되고 이들의 활동을 통해 토양에는 새로운 영양이 공급된다. 숲 바닥을 뒤덮은 낙엽은 땅속 온도를 일정하게 유지해 주고 작은 생물들에게 은신처를 제공한다. 한 장의 낙엽이 떨어지는 것은 나무 개인 차원에서는 불필요한 잎을 정리하는 행위지만 숲이라는 큰 틀에서 보면 영양분과 서식지를 돌려주는 기여가 된다. 특히 낙엽이 쌓인 바닥을 살짝 뒤적이면 그 안에서 곤충의 유충이나 작은 벌레들이 겨울을 나고 있기도 하다. 그들은 낙엽층이 만들어 내는 포근한 환경 덕분에 칼바람을 직접 맞지 않고 생존 가능성을 높인다.

우리는 흔히 봄을 희망의 계절이라 부른다. 하지만 식물 입장에서 본다면 겨울이야말로 봄을 계획하는 시기다. 나무는 가을에 낙엽으로 미리 겉치장을 벗어 버리고 내부에 양분을 잘 간직한다. 뿌리는 언 땅 아래에서 기초 체력을 축적한다. 겨울눈은 이미 줄기와 잎을 틔울 프로그램을 완성해 두었다. 이처럼 한겨울에 이미 다가올 계절을 향한 준비가 끝나 있다고 해도 과언이 아니다. 사람들은 겨울 숲이 황량하다고 느끼지만 사실 그들은 휴식보다는 준비라는 단어에 가깝다. 동물들이 겨울잠을 자거나 먹이가 부족해 조심스럽게 움직이는 동안 식물들은 조용히 잠재력을 충전한다. 봄이 오면 누구보다 먼저 그 힘을 발휘해 밝고 푸른 계절의 시작을 알린다.

낙엽

불필요한 것을 덜어 내고 핵심에 집중

역경 속에서도 미래를 준비하는 자세가 중요하다. 식물의 겨울나기는 우리에게 여러 면에서 교훈을 던져준다. 무엇보다 어려운 때일수록 불필요한 부분을 덜어 내고 핵심에 집중하는 지혜를 보여준다. 현대 사회는 빠른 성과와 즉각적인 결과를 요구한다. 하지만 식물들이 보여주는 겨울나기 전략은 때로는 천천히 기다리며 내실을 다지는 것이 더 현명할 수 있음을 말해 준다. 나무가 겨울눈을 품고 기다리듯 우리도 어려운 시기에는 무리한 확장보다는 기본기를 탄탄히 하고 다음 기회를 준비하는 것이 바람직하다. 기업들도 경기 침체기에는 불필요한 지출을 줄이고 핵심 역량에 집중하며 회복기를 대비하는 것이 중요하다.

개인의 삶에서도 마찬가지다. 시련의 시기에는 자신을 돌아보고 실력을 쌓으며 다음 도약을 위한 발판을 마련해야 한다. 시련은 우리를 약하게 만드는 것이 아니라 더 강하게 만드는 과정이다. 나무가 추위를 견디며 더 단단한 줄기를 갖게 되듯 인간도 역경을 통해 더 성숙한 인격을 형성할 수 있다. 때로는 낭비 요소를 줄이고 에너지를 축적하며 다음 기회를 위해 조용히 힘을 기를 필요가 있다.

겨울 숲은 멈춤이 아니라 새로운 희망

겨울 숲이 건네는 메시지는 분명하다. 어려움이 닥쳤을 때 전력을 다해 열매를 맺거나 잎을 유지하기보다는 필요한 자원을 아껴두며 다음 기회를 도모하는 선택도 현명하다는 점이다. 식물들은 추운 날씨 속에서 뿌리에 영양을 저장하고 겨울눈을 키워 내며 멈추지 않는 생명의 여정을 보여준다.

겨울 숲을 걸을 때 겨울의 냉혹한 분위기와 앙상한 가지에만 시선을 뺏기기보다 그 속에서 조용히 꿈틀대는 가능성을 떠올려 보자. 잎을 버려 겨울눈을 보호하고 뿌리에 힘을 모으며 미생물과 작게나마 교류를 이어 가는 자연의 모습은 언제나 놀랍고 경이롭다. 우리가 볼 때는 멈춘 듯해도 나무와 풀은 결코 시간을 허투루 보내지 않는다. 겨울은 식물이 다음 생장을 위해 담금질하는 시즌이라 할 수 있다.

차가운 바람이 불 때 그들은 몸을 최대한 보호하며 활력이 넘칠 봄을 기다린다. 그 과정에서 숲은 더 두터운 유기물층을 얻고 그 속에 사는 생명체들에게 따뜻한 보금자리를 만들어 준다. 낙엽이 쌓이고 자연이 휴식하는 이 시즌조차도 전체 숲의 숨결은 멈추지 않는다. 결국 겨울 숲이 전하는 가장 큰 교훈은 인내의 가치다. 급변하고 있는 현대 사회에서 우리는 빠른 결과와 즉석 해결책에 익숙해져 있다. 하지만 진정한 성장과 발전은 충분한 준비 기간을 거쳐야만 가능하다. 식물들이 겨울을 견디며 봄을 준비하듯 우리도 어려운 시기를 겪으며 더 나은 미래를 설계해야 한다.

나무가 한없이 기다리는 것처럼 보이지만 실은 내실을 다지고 있다. 자연은 겨울에도 살아 있고 식물은 언 땅 아래서도 창조적이며 우리는 그 경이로움을 숲에서 배울 수 있다. 추운 계절 숲길을 거닐며 앙상한 나뭇가지를 보면 다 죽은 것만 같아 마음이 쓸쓸해질 때가 있다. 그러나 조금 더 가까이 다가가면 아직 떨어지지 않은 겨울눈이 봄을 꿈꾸는 증거로 남아 있고 땅속 뿌리는 부지런히 숨을 고르고 있다.

복자기 단풍

5. 자신은 스스로 지켜야 한다

위기를 기회로
바꾸는 식물

"삶에서 가장 위대한 영광은 한 번도 넘어지지 않는 데 있는 것이
아니라, 넘어질 때마다 다시 일어서는 데 있다."

The greatest glory in living lies not in never falling, but in rising every time
we fall.

– 넬슨 만델라(Nelson Mandela)

숲을 거닐다 보면 문득 저 큰 나무는 어떻게 저렇게 수십 년을 움직이지
도 않고 살고 있을까? 때로는 태풍이 오기도 하고 한겨울 매서운 추위를 이
기면서 꿋꿋하게 살아가는 나무의 생존 전략이 궁금할 때가 있다. 하지만
움직이지 못하는 나무의 삶에는 무궁무진한 생존 전략이 숨어 있다. 숲해설
가로 오랫동안 일하면서 식물들이 보여주는 창의적이고 능동적인 삶의 기

술에 경외감이 든다.

　자연재해와 동물로부터 자신을 방어하거나 자손을 멀리 퍼뜨려 경쟁을 피하는 방식까지 식물 세계는 생각보다 훨씬 복잡하고 다채로운 이야기를 품고 있다. 사람들은 숲을 조용한 공간이라고 여기지만 실제로 그 내부를 살펴보면 치열한 선택과 적응의 흔적이 가득하다. 아리스토텔레스는 "자연은 아무것도 헛되이 하지 않는다."라고 말했다. 정말로 식물들의 모든 행동에는 생존을 위한 치밀한 계산이 숨어 있다.

고목

끈끈이주걱과 자귀나무가 보여주는 생존의 지혜

식물은 바람과 폭우 혹독한 추위 같은 자연재해를 피하기 어려울 뿐 아니라 초식 동물이나 사람에 의해 훼손될 위험도 크다. 그러나 스스로 움직일 수 없는 식물이 이를 완벽히 피하기는 불가능하다. 그렇기에 식물은 놀라울 정도로 다양한 방어 전략을 발전시켰다.

끈끈이주걱은 우리나라를 비롯해 유럽, 북미 등 다양한 지역에서 자라는 여러해살이풀이다. 끈끈이주걱은 영양분이 적은 토양에서 살아남기 위해 벌레를 끌어들여 그 영양소를 흡수하는 방법을 택했다. 잎 표면에 점액질을 분비해 곤충을 붙잡고 서서히 소화하는 모습은 식물이 얼마나 다양한 방식으로 생존에 필요한 자원을 구하는지 잘 보여준다. 이는 단순한 식물이라는 우리의 편견을 완전히 뒤엎는 놀라운 전략이다. 자귀나무는 밤이 되거나 손으로 살짝 건드렸을 때 잎을 오므리는 반응을 보인다. 이는 단순히 잠자기 위한 행동만이 아니라 외부 자극에 맞서는 정교한 방어 기제이기도 하다. 잎을 접으면 초식 동물에게 지금은 먹을 게 없다는 착각을 일으키게 하거나 잎의 표면적을 줄여 수분 증발과 해충 공격을 어느 정도 억제한다.

자귀나무 꽃

이러한 움직임은 에너지가 들지만 그만큼 피해를 최소화하는 효과가 있다. 찰스 다윈도 자귀나무의 이런 반응을 관찰하며 '식물도 동물처럼 외부 자극에 반응한다'고 놀라워했다. 가시를 무성하게 만드는 방식도 흔히 볼 수 있는 전략이다. 찔레나무나 음나무처럼 가시를 잔뜩 만들면 초식 동물이 접근하기 쉽지 않고 식물 입장에서는 줄기나 잎을 두껍게 만드는 것보다 적은 에너지로 방어 효과를 낼 수 있다. 식물은 경제학에서 말하는 '비용 대비 효과'를 이미 수백만 년 전부터 실천해 온 것이다.

속도보다 지속 가능성을 택한 식물들

광합성은 식물에게 필수적인 에너지원이지만 사막이나 고산 지대 같은 극한 환경에서는 충분한 빛이나 물을 안정적으로 확보하기 어렵다. 그래서 일부 식물들은 빠르게 자라지 않고 오히려 성장 속도를 최대한 늦추는 놀라운 선택을 한다. 지의류는 그 대표적인 사례로 균류와 조류가 공생하는 독특한 형태를 지녔다. 바위 표면이나 척박한 땅에서도 살아남을 만큼 생존력이 뛰어나지만 한 해에 1밀리미터 정도 자랄 정도로 성장 속도는 매우 느리다. 이런 식으로 에너지를 아껴 쓰면서 강풍이나 추위 습도의 급격한 변화를 버티고 수십, 수백 년 동안 조금씩 생장을 이어 간다.

사막 식물들도 비슷한 전략을 구사한다. 낮에는 극도로 건조하고 더우니 광합성을 멈추고 밤에 기온이 내려가고 약간의 습기가 생길 때 소량의 광합성을 진행한다. 이러한 느리지만 꾸준한 방식은 식물이 극도로 열악한 조건에서도 오래 살아남게 하는 핵심 전략이다. 이는 현대 사회의 성장 제일주의에 대해 깊은 성찰을 준다. 서두르지 않고 자신의 페이스를 유지하며 지속가능한 성장을 추구하는 지혜를 식물들에게서 배울 수 있다.

기생이 아닌 상생, 겨우살이의 생존 전략

겨우살이는 다른 나무 위에서 살아가는 기생식물로 알려져 있다. 스스로 광합성을 하긴 해도 땅속뿌리를 통해 양분을 얻기보다는 숙주 나무의 수액을 일부 활용해 살아간다. 그렇기에 기생이라는 표현이 따라 붙지만 자연계에서 이런 관계가 항상 해롭기만 한 것은 아니다. 겨우살이가 맺는 열매는 겨울철 새들에게 중요한 먹이가 되기도 하고 작은 동물들이 겨우살이 가지 사이를 은신처로 쓰는 경우도 있다. 물론 겨우살이가 과도하게 번식해 숙주 나무를 괴롭히면 결국 그 나무가 고사할 수도 있으나 자연 상태에서는 비교적 균형을 이루며 공존하는 모습이 자주 발견된다. 움직이지 못하는 식물 입장에서 기생은 하나의 생존술이라고도 할 수 있다. 남이 어렵게 흡수해 온 영양분을 바탕으로 상대적으로 적은 에너지를 들여 살아가는 방식이기 때문이다.

겨우살이

이끼와 일엽초

꽃 중에는 초봄에 재빠르게 피고 져버리는 종들이 있다. 노루귀나 변산바람꽃 현호색 같은 식물들이 대표적이다. 이들은 다른 식물들이 본격적으로 자라기 전에 먼저 꽃을 피워 결실까지 마무리한다. 이유는 나무들이 우거져 버리면 숲 바닥에 빛이 거의 닿지 않게 되므로 굳이 키를 크게 기울 필요가 없기 때문이다. 대신 빠른 속도로 생장과 번식을 해낸 뒤 씨앗을 맺고 잎을 말린 채 휴면 상태로 여름을 보낸다. 이는 식물 세계에서 나름대로의 틈새 공략이라고 볼 수 있다. 경쟁자들이 아직 준비되지 않은 순간을 노려 제한된 빛을 독차지하고 양분을 모은 뒤 슬그머니 물러나는 것이다.

현대 경영학에서 말하는 '블루 오션 전략'을 식물들이 이미 오래전부터 실천해 온 셈이다. 경쟁이 치열한 곳을 피해 자신만의 영역을 개척하는 지혜를 보여준다. 생태학자 제임스 러브록은 '지구는 하나의 살아 있는 유기체'라고 표현했다. 식물들의 다양한 생존 전략이 모여 지구 전체의 생명 시스템을 구성하고 있다는 의미다.

조용하지만 능동적인 식물의 진짜 모습

사람들은 종종 '식물인간'이라는 말로 식물을 수동적인 존재로 여기곤 한다. 그러나 실제로 식물의 생존술은 다채롭고 능동적이다. 풍부한 빛을 얻기 위해 잎의 각도를 조정하거나 한겨울에도 잎을 떨어뜨리지 않고 조금이라도 광합성을 이어 가는 침엽수의 모습이 그 증거다. 자가수분을 피하기 위해 암꽃과 수꽃을 다른 시점에 피우거나 위치를 달리하는 지혜도 식물에게서 흔히 볼 수 있다. 이른 봄 복수초나 노루귀처럼 남보다 앞서 꽃을 피우는 것도 하나의 능동적 전술이고 다람쥐의 습성을 역이용해 씨앗을 멀리 퍼뜨리는 것도 창의적인 문제 해결이라고 할 수 있다.

복수초   노루귀

　식물은 말 그대로 움직이지 못하지만 생존과 번식을 위해 의외로 다방면의 기술을 구사한다. 최근 연구에 따르면 식물들도 학습 능력을 가지고 있다고 한다. 한 번 경험한 스트레스에 대해 더 빠르고 효과적으로 대응하는 능력을 보인다는 것이다. 식물을 바라보면서 자주 느끼는 점은 삶의 속도에 대한 문제다. 우리는 빠른 성장을 우선시하고 즉각적인 결과를 얻으려 하지만 자연 속 식물들은 때로는 느리게 자라며 긴 시간에 걸쳐 자원을 아끼는 편이 낫다고 가르쳐 준다. 지의류가 1년에 1밀리미터밖에 못 자라더라도 수백 년 동안 그 자리를 지키는 모습은 많은 울림을 준다.

　때로는 속도를 늦추고 상황에 맞춰 전략을 바꾸어야 한다는 메시지가 숲 곳곳에 새겨져 있는 느낌이다. 매해 열매를 많이 맺지 않고 해거리를 통해 번갈아 풍성하게 맺는 참나무류도 마찬가지다. 필요할 때 힘을 쏟고 그 이후에는 회복 시간을 갖는 편이 이롭다는 사실을 자연은 몸소 보여준다. 식물들은 언어나 기술을 쓰지 않지만 환경을 관찰해 자원을 효율적으로 쓰고 생태계 전체와 이어진 길을 통해 자신을 보호하고 번식한다. 곤충이나 미생물 동물들과도 긴밀하게 연결되어 때로는 경쟁하고 때로는 상생하며 생태계를 건강하게 유지한다.

사람의 관점에서 기생이나 포식처럼 보이는 행위도 숲 전체에서는 균형을 맞추는 하나의 과정일 때가 많다. 나무는 저마다의 자리에서 비바람을 맞으면서도 자신이 가진 역량 안에서 최선의 방식을 찾아간다. 크고 빠른 성장이 불가능하다면 느리게 버티는 쪽을 선택하고 자원을 구하기 어렵다면 다른 생물을 활용해 길을 찾는다.

이 모든 것이 움직이지 않는 존재가 꾸려가는 놀라운 생존술이다. 미국의 자연주의 철학자 헨리 데이비드 소로는 "자연에서는 모든 것이 교사다."라고 했는데 식물들의 창의적 적응이 바로 그런 가르침을 준다.

고정된 자리에서 펼치는 무한한 적응력

식물이 단지 조용히 서 있는 수동적 생명체가 아니다. 때로는 극단적으로 어려운 환경에서 에너지를 최소화하는 방식으로 오래 살아남기도 하고 때로는 스스로 움직이지 못하니 곤충 동물 바람 물 등을 활용해 자손을 멀리 퍼뜨린다. 표면적으로는 눈에 띄지 않더라도 끊임없는 시도와 실험이 숲 곳곳에서 일어난다. 식물의 능동성은 인간의 시각으로는 느리게 보일 뿐 확실하게 작동한다. 움직일 수 없다는 제약을 오히려 창의적 생존 전략의 기회로 바꾼 것이다.

덩굴식물

　스티븐 호킹은 중증 근육 위축증으로 몸을 움직일 수 없었지만 오히려 그 제약 속에서 우주의 비밀을 탐구하는 위대한 물리학자가 되었다. 식물들도 마찬가지로 움직일 수 없다는 제약을 창의적 생존 전략의 출발점으로 삼았다. 이렇듯 나무 한 그루 한 그루를 깊이 들여다보면 그들이 펼치는 생존의 지혜가 결코 단순하지 않음을 발견하게 된다. 어느 나무는 재빠른 봄꽃 전략으로 누구보다 먼저 햇빛을 독차지하고 어느 나무는 기생을 택해 다른 개체의 자원을 일부 활용하며 어떤 나무는 가시나 독을 통해 외부 공격으로부터 몸을 지킨다.

그렇게 긴 세월 숲이 이어져 내려왔고 오늘날 우리가 누리는 자연의 다양성 역시 식물들이 쌓아 온 적응의 결과물이다. 우리도 때로는 움직일 수 없다고 해서 무기력해지는 것이 아니라 식물이 보여준 창의성과 여유로운 속도를 떠올려 볼 수 있다. 식물은 자신에게 주어진 환경을 탓하기보다 자신이 활용할 수 있는 자원과 방법을 최대한 찾아내며, 자신이 가진 한계를 독창적인 방식으로 극복하며 살아간다. 광합성만으로 양분을 얻기가 버거우면 다른 생명을 통해 채워 넣고 자손을 퍼뜨리기 어렵다면 새나 바람을 끌어들인다.

현대 사회는 빠른 변화와 치열한 경쟁으로 가득하다. 그 속에서 우리는 종종 스트레스를 받고 번아웃에 시달린다. 하지만 식물들의 생존 전략에서 우리가 배울 수 있는 것은 많다. 급하게 서두르지 말고 자신만의 페이스를 유지하는 것, 제약을 창의성의 출발점으로 삼는 것, 경쟁보다는 상생을 추구하는 것 등이 그것이다. 숲은 말없이 우리에게 이렇게 속삭이는 듯하다. '움직이지 못해도 다른 길이 얼마든지 있다.' 이 메시지는 단순히 식물에게만 해당하는 것이 아니다. 인생에서 어려움에 처했을 때 좌절하지 말고 새로운 가능성을 찾아보라는 격려이기도 하다.

나무들은 수백 수천 년 동안 한자리에서 살아가면서도 끊임없이 새로운 생존 전략을 개발해 왔다. 그들의 지혜는 오늘날 우리에게도 여전히 유효하다. 변화하는 환경에 적응하되 자신만의 고유함을 잃지 않는 것, 경쟁보다는 협력을 통해 함께 번영하는 것, 그리고 조급해하지 말고 꾸준히 자신의 길을 걸어가는 것이다. 자연은 언제나 우리에게 열려 있는 교실이다. 나무한 그루에서도 우리는 인생의 깊은 지혜를 발견할 수 있다. 오늘도 숲은 조용히 그리고 끊임없이 우리에게 가르침을 주고 있다.

모감주나무

6. 물러남 그리고 새로운 시작

아름다운 마무리가 주는
여운의 힘

"모든 것에는 때가 있고, 모든 목적에는 하늘 아래 정해진 시간이 있다."

To everything there is a season, and a time to every purpose under heaven.

- 『구약성경』 전도서 3장 1절

국립수목원 관상수원 비술나무 주변에는 진노랑, 붉노랑상사화를 비롯해서 제주상사화, 위도상사화 등 여러 종류의 상사화가 있다. 8월 무렵부터 상사화는 꽃을 피우기 시작한다. 이 무렵 상사화는 잎은 온데간데없고 홀로 선 꽃대 위에 예쁜 꽃만이 쓸쓸히게 피어 있다. 상사화는 잎과 꽃이 끝내 만날 수 없는 운명이어서 서로 잎과 꽃이 서로 그리워한다 해서 붙여진 이름이다.

상사화는 봄에 잎이 나와 광합성으로 양분을 만들어 뿌리에 저장한 후 여름 전에 사라지고 가을에 꽃이 핀다. 상사화의 잎은 자신의 임무를 다하고 나면 미련 없이 물러난다. 그리고 그 희생 위에서 꽃이 피어난다. 이는 단순한 식물의 생리 현상이 아니라 삶의 깊은 진리를 담고 있었다. 언제 물러나야 하는지를 아는 것이야말로 진정한 지혜이다. 그런데도 우리 인간들은 이러한 자연의 지혜를 알지 못하고 지나간 권력과 명예를 그리워하며 무리수를 범하다 큰 화를 입기도 한다.

상사화

떠날 때를 아는 용기, 머물 때를 아는 지혜

자연은 늘 우리에게 삶의 원리를 가르쳐 주는 위대한 스승이다. 인간만이 이성을 가진 존재라고 자부하지만 실상 식물들이 보여주는 삶의 방식에는 이성으로도 설명하기 어려운 깊은 지혜가 담겨 있다. 특히 식물들이 자신의 역할이 끝났을 때 보여주는 아름다운 퇴장은 우리 인간 사회에 많은 시사점을 제공한다.

가을이 되면 나무들은 잎을 떨구기 시작한다. 이 모습은 언뜻 쓸쓸해 보이지만 사실은 추운 겨울을 견디기 위한 지혜로운 선택이다. 만약 잎이 계속 달려 있다면 눈과 바람에 대한 저항이 커져 가지가 부러질 수 있고 잎에 영양분을 공급하느라 뿌리가 약해질 수도 있다. 나무는 이를 본능적으로 알고 있기에 과감히 잎을 포기한다. 그리고 그 잎들은 땅에 떨어져 썩으면서 다음 해 새로운 생명을 위한 자양분이 된다. 이런 자연의 순환을 보면서 문득 우리 인간 사회의 모습과 대비된다. 특히 권력의 세계에서는 적절한 시기에 물러나지 못해 결국 몰락하는 사례를 자주 본다. 한때 영광스러웠던 자리에서 내려오기를 거부하다가 비극적 결말을 맞는 인물들의 이야기는 역사상 무수히 많다.

춘추전국시대 월나라의 명신 범려는 이와 정반대의 모범을 보여준다. 그는 월왕 구천이 숙적 오나라를 무찌르는 데 결정적 공헌을 했지만 승리의 영광에 도취되지 않았다. 오히려 '높이 날아오르는 새를 다 잡고 나면 활은 상자에 넣어 두고 민첩한 사냥개들도 삶아 먹는다'는 말을 남기며 홀연히 떠났다. 이것이 바로 토사구팽의 어원이 된 고사다. 범려의 선택은 현명했다. 그는 권력의 정점에서 스스로 물러나 상업에 종사하며 부와 명예를 모두 얻었다. 반면 함께 공을 세웠던 문종은 끝까지 관직에 머물다가 구천의 의심을 받아 자결하고 말았다. 이는 때를 알고 물러나는 것이 얼마나 중요한지를 보여주는 대표적 사례다.

물러남의 지혜가 필요하다

현대 기업 경영에서도 이런 지혜가 필요하다. 창업자가 평생 경영권을 놓지 않으려 하면 기업이 시대 변화에 뒤처지기 쉽다. 마이크로소프트의 빌 게이츠는 회사를 세계적 기업으로 키운 후 적절한 시점에 경영 일선에서 물러나 재단 활동에 전념했다. 그 결과 회사는 새로운 리더십 아래 계속 발전할 수 있었고 그 자신도 사회 공헌 활동으로 더 큰 존경을 받고 있다.

반면 창업자나 최고 경영자가 권력에 집착하여 물러나지 않는 기업들은 종종 위기를 맞는다. 시장 변화에 대응하지 못하거나 후계자 양성에 실패하여 결국 경쟁력을 잃게 되는 것이다. 이는 자연의 순리를 거스르는 결과라고 할 수 있다. 정치 영역에서도 마찬가지다. 조지 워싱턴은 미국 초대 대통령으로서 3선 연임을 포기하고 자발적으로 물러나는 선례를 만들었다. 이는 민주주의 발전에 큰 기여를 했다고 평가받는다. 만약 그가 권력에 집착했다면 미국 민주주의의 토대가 흔들렸을 수도 있다.

이런 물러남의 지혜는 일상생활에서도 적용될 수 있다. 예를 들어 책 정리를 할 때를 생각해 보자. 이사할 때 부담스러운 것 중 하나가 바로 책이다. 무겁고 부피가 크기 때문이다. 하지만 실제로 다시 읽는 책은 얼마나 될까. 한때는 중요했지만 이제는 필요 없는 책들이 공간만 차지하고 있는 경우가 많다. 나무가 낙엽을 떨구듯 우리도 더 이상 필요 없는 책들을 과감히 정리해야 한다. 물론 고전이나 자주 참고하는 책들은 보관해야 하지만 시효가 지난 전문서적이나 한 번 읽고 마는 책들은 다른 사람에게 나누어 주는 것이 좋다. 이렇게 하면 공간도 확보되고 마음도 가벼워진다.

옷장 정리도 마찬가지다. 한때는 애착을 가졌지만 이제는 입지 않는 옷들이 옷장을 가득 채우고 있다. 이런 옷들을 정리하는 것도 일종의 물러남의 미학이라고 할 수 있다. 과거에 얽매이지 말고 현재의 자신에게 맞는 것들로 새롭게 구성하는 것이다. 인간관계에서도 이런 지혜가 필요하다. 모든 관계를 영원히 유지할 수는 없다. 시간이 흐르면서 서로의 관심사나 가치관이 달라지기도 하고 물리적 거리가 멀어지기도 한다. 이때 억지로 관계를 유지하려 하기보다는 자연스럽게 거리를 두는 것이 서로에게 도움이 될 수 있다.

때로는 자연스러운 거리 두기가 필요하다

물론 소중한 인연은 끝까지 지켜나가야 한다. 하지만 독이 되는 관계나 더 이상 의미가 없는 관계에서는 과감히 물러날 줄도 알아야 한다. 이는 냉정함이 아니라 지혜로운 선택이다. 직장 생활에서도 적절한 은퇴 시점을 아는 것이 중요하다. 언제까지나 현역으로 일할 수는 없다. 체력과 능력이 뒷받침되지 않는데도 자리에 연연한다면 본인은 물론 조직에도 도움이 되지 않는다. 적절한 시점에 후배들에게 자리를 물려주고 새로운 인생 2막을 준비하는 것이 현명하다.

하지만 물러남이 단순한 포기나 체념을 의미하는 것은 아니다. 상사화의 잎이 자신의 역할을 다한 후 물러나는 것처럼 충분히 자신의 임무를 완수한 후의 당당한 퇴장이어야 한다. 또한 물러난다고 해서 완전히 끝나는 것이 아니라 다음 단계를 위한 준비 과정이기도 하다. 퇴직한 직장인이 새로운 사회 활동을 시작하거나 은퇴한 기업인이 사회 공헌 활동에 나서는 것도 같은 맥락이다. 한 역할에서 물러나지만 다른 형태로 사회에 기여하는 것이다. 이는 낙엽이 땅에 떨어져 썩으면서 새로운 생명의 자양분이 되는 것과 같은 원리다.

고사목

물러남의 타이밍을 아는 것도 중요하다. 너무 이르면 아직 할 일이 남아 있는데 그만두는 것이고 너무 늦으면 이미 기회를 놓쳐 버린다. 적절한 시점을 포착하는 것은 쉽지 않지만 주변 상황을 객관적으로 판단하고 자신의 상태를 정확히 아는 것이 중요하다. 공자는 "군자는 때를 알고 진퇴를 안다."고 말했다. 진정한 군자는 나아갈 때와 물러날 때를 정확히 판단할 수 있다는 뜻이다. 이는 2,500년 전의 지혜이지만 지금도 여전히 유효하다. 이런 지혜가 있어야 인생을 슬기롭게 살아갈 수 있다.

아름다운 퇴장을 위한 다섯 가지 원칙

현대 사회는 경쟁이 치열하고 변화가 빠르다. 이런 상황에서 물러남의 지혜는 더욱 중요해진다. 무작정 앞만 보고 달려가다 보면 언젠가는 한계에 부딪힐 수밖에 없다. 적절한 시점에 한발 물러서서 상황을 객관적으로 바라보고 새로운 전략을 수립하는 것이 필요하다. 기업도 마찬가지다. 사업이 잘되지 않는 분야에서 언제까지나 버틸 수는 없다. 손실이 커지기 전에 과감히 철수하고 새로운 분야에 투자하는 것이 현명하다. 이는 경영의 기본 원칙이기도 하다.

물러남의 미학을 제대로 구현하려면 몇 가지 원칙이 있다.

첫째는 타이밍이다. 너무 이르지도 늦지도 않은 적절한 시점을 포착해야 한다.
둘째는 준비다. 물러난 후의 계획을 미리 세워 두어야 한다.
셋째는 깔끔함이다. 미련을 두지 말고 깨끗하게 정리하고 떠나야 한다.
넷째는 감사다. 그동안의 경험과 기회에 대해 감사하는 마음을 가져야 한다.
다섯째는 배려다. 자신이 물러남으로써 피해를 보는 사람이 없도록 배려해야 한다.

이런 원칙들을 지킬 때 진정으로 아름다운 퇴장이 가능하다.

식물이 가르쳐 주는 물러남의 지혜는 단순히 포기하거나 체념하는 것이 아니다. 자신의 역할을 충실히 수행한 후 다음 단계를 위해 과감히 변화를 선택하는 것이다. 이는 용기가 필요한 일이지만 더 큰 성장과 발전을 위한 필수 과정이기도 하다.

상사화의 잎과 꽃처럼 우리도 각자의 시간과 역할이 있다. 자신의 때가 되면 최선을 다해 꽃을 피우고 때가 지나면 아름답게 물러나는 것이다. 이런 순환이 계속될 때 개인도 사회도 건강하게 발전할 수 있다. 자연은 결코 거짓말을 하지 않는다. 상사화의 잎이 꽃을 위해 자신을 희생하듯 우리도 때로는 무언가를 내려놓을 줄 알아야 한다. 그것이야말로 진정한 성숙이며 지혜로운 삶의 자세라고 할 수 있다. 물러날 때를 아는 것 그것이 바로 식물이 수백만 년 동안 지구에서 살아남을 수 있었던 비결이자 우리가 배워야 할 삶의 지혜인 것이다.

귀룽나무

제3장

다양성이 만드는 아름다운 세상

숲은 무수한 색깔이 칠해진 거대한 캔버스다.
식물은 상상을 뛰어넘는 변화와 혁신으로
환경에 적응하며 다음 세대로 끊임없이 이어진다.

1. 우리는 조금 달라도 되지 않을까?

다양성 속에서 발견하는
공존의 아름다움

"관용과 다양성에 대한 존중은 단순한 도덕적 명령일 뿐만 아니라 사회적 진보와 지속 가능한 발전의 핵심 동력이다."
Tolerance and respect for diversity are not just moral imperatives, but also key drivers of social progress and sustainable development.

– 반기문 전 유엔 사무총장

지난해 국립수목원이 새롭게 조성한 비밀의 정원 숲에서 본 광경이 깊은 인상을 주었다. 그동안 사람의 손길이 닿지 않았던 숲속 수백 년 된 밤나무 아래 크고 작은 다양한 식물들이 저마다의 자리를 차지하며 조화롭게 자라고 있었다. 키가 큰 나무는 하늘 높이 가지를 뻗어 그늘을 만들고 그 아래에서는 중간 크기의 관목들이 적당한 빛을 받으며 성장하고 있었다. 땅 가까이에는 작은 풀들과 이끼들이 촘촘히 자리 잡고 있있고 긱각이 서로 다른 형태와 색깔을 자랑하고 있었다.

이 작은 생태계를 바라보며 문득 이런 생각이 들었다. 만약 이곳에 똑같은 종류의 나무만 심어 놓았다면 과연 지금처럼 아름답고 안정적인 모습을 유지할 수 있었을까? 아마도 단조롭고 취약한 환경이 되었을 것이다. 다양한 생명체들이 각자의 특성을 살려 제자리를 찾고 서로 도우며 살아가는 모습에서 우리 인간 사회가 놓치고 있는 중요한 가치를 발견할 수 있었다.

단순함의 위험, 다양성의 힘

독일은 검은 숲이 유명하다. 독일 남서부 바덴뷔르템베르크주(Baden-Württemberg)에 위치한 독일 최대의 산림 산악 지대에 위치한 독일의 검은 숲은 가문비나무와 참나무, 너도밤나무 등이 주종을 이룬다. 하지만 우리나라의 숲과 다르다. 우리나라 숲은 독일 숲에 비해 소나무와 참나무과 나무들 외에도 수를 헤아릴 수 없이 많은 수종들이 어울려 숲을 이룬다. 과연 어떤 숲이 더 가치가 있을까? 독일의 숲이 경제적으로 더 가치가 있을 수도 있지만 생물다양성 측면에서는 우리나라 숲이 훨씬 가치가 있을 것으로 보인다. 수종이 단순하면 한꺼번에 숲이 파괴될 수 있다. 실제로 독일 숲이 기후 변화와 병충해로 큰 피해를 입고 있다는 소식도 들린다.

국립수목원 졸참나무와 어린 전나무

지구상에는 현재까지 기록된 곤충만 해도 100만 종이 넘는다고 알려져 있다. 이는 전체 동물 종의 70% 이상을 차지하는 놀라운 수치다. 과학자들은 아직 발견되지 않은 곤충들까지 포함하면 그 수가 훨씬 더 많을 것으로 추정하고 있다. 곤충은 지구상의 사막이나 고산지, 극지 등 어느 곳에서나 적응하면서 살아가고 있다. 그래서인지 지구의 주인공은 곤충이라는 말도 있다. 이런 엄청난 다양성은 단순한 숫자 이상의 의미를 갖는다. 각각의 종이 생태계에서 고유한 역할을 수행하며 전체적인 균형을 이루고 있기 때문이다. 곤충 가운데 꿀벌과 나비, 딱정벌레, 파리 등은 식물의 꽃가루받이를 도와준다. 우리가 먹는 식량의 3분의 2가 곤충의 수분이 없으면 생산이 어렵다고 말하고 있을 정도이다. 곤충과 식물은 서로 도우며 살아가고 있다.

배추흰나비는 십자화과 식물을 선호하고 호랑나비는 운향과 식물에 알을 낳는다. 같은 종의 곤충이라도 애벌레 시절과 성충이 되었을 때 먹이가 완전히 달라지는 경우가 대부분이다. 이처럼 각기 다른 생활사와 먹이 선호도를 가진 수많은 곤충들이 복잡하면서도 정교한 생태계의 톱니바퀴 역할을 하고 있다. 특정 곤충이 사라지면 그와 연결된 식물이나 다른 동물들에게도 영향을 미치게 되어 전체 생태계의 안정성이 흔들릴 수 있다.

광릉숲 주변에는 예전에 딱따구리과의 새인 크낙새가 지구상에서 유일하게 서식했다. 천연기념물인 크낙새는 우리나라에서만 사는 진귀한 새로 학술적으로도 가치가 큰 새였다. 하지만 지금은 크낙새는 자취를 아예 감췄다. 크낙새는 역시 곤충 가운데 유일하게 천연기념물인 장수하늘소 애벌레를 즐겨 먹었는데 장수하늘소 개체가 줄면서 크낙새도 자연스럽게 멸종한 것으로 추측되고 있다. 현재 장수하늘소도 자연 상태에서는 개체를 찾기가 쉽지 않을 정도로 개체 수가 감소했다.

한반도에는 불과 100여 년 전까지만 해도 호랑이와 늑대, 표범, 승냥이 같은 많은 동물들이 서식하던 자연 생태계의 균형이 잘 갖춰진 곳이었다. 하지만 지금은 이들 동물 모두 사라졌다. 무분별한 개발과 남획으로 인한 서식지 파괴와 먹이사슬의 영향으로 보인다. 그만큼 생물다양성이 중요하다.

까막딱따구리

한류 문화의 성공은 창의성과 다양성

현대 사회는 종종 하나의 기준으로 모든 것을 평가하고 서열을 매기려는 경향이 강하다. 특히 교육 현장에서는 표준화된 시험 점수나 정해진 스펙으로 학생들을 줄 세우는 일이 당연시되고 있다. 하지만 이런 획일적인 평가 방식은 개인이 가진 다양한 재능과 가능성을 제대로 발견하고 키워 내는 데 한계가 있다. K-팝과 K-드라마, K-영화가 세계적인 인기를 끌 수 있었던 것은 획일적인 콘텐츠가 아니라 각기 다른 개성과 창의성을 바탕으로 한 다채로운 작품들이 등장했기 때문이다. 방탄소년단을 비롯한 여러 아티스트들이 자신만의 독특한 색깔을 표현할 수 있는 환경이 조성되었고 이런 다양성이 모여 전 세계인들의 관심을 끌어낸 것이다.

자연에서 관찰할 수 있는 서로 돕고 사는 공생의 사례들은 우리들에게 많은 교훈을 준다. 열대 바다의 산호와 물고기들은 서로에게 도움이 되는 관계를 유지하고 있다. 산호는 물고기들에게 은신처와 서식지를 제공하고 물고기들은 산호 주변의 해조류를 먹어 치워 산호가 더 잘 자랄 수 있도록 돕는다. 또한 물고기들이 배설하는 영양분은 산고의 성장에 필요한 양분이 되기도 한다. 이처럼 서로 다른 종들이 각자의 이익을 추구하면서도 결과적으로는 상대방에게도 도움이 되는 관계를 만들어 내는 것이 자연의 지혜다. 인간 사회에서도 이런 상생의 관계를 구축할 수 있다면 모든 구성원이 함께 발전하는 건강한 공동체를 만들 수 있을 것이다.

경제학자 아마르티아 센은 『자유로서의 발전(Development as Freedom)』에서 '발전이란 인간의 자유를 확대하는 과정'이라고 정의했다. 여기서 말하는 자유란 개인이 자신의 능력과 잠재력을 마음껏 발휘할 수 있는 기회를 의미한다. 다양성을 인정하고 존중하는 사회야말로 이런 자유를 보장할 수 있는 환경을 제공한다. 모든 사람이 똑같은 길을 걸어야 한다는 강박에서 벗어나 각자의 특성과 재능을 살려 다양한 방식으로 사회에 기여할 수 있도록 하는 것이다.

하지만 현실에서는 여전히 획일적인 기준과 경쟁만이 강조되는 경우가 많다. 취업 시장에서는 특정한 스펙과 자격증만이 중요하게 여겨지고 개인의 창의성이나 독특한 경험은 제대로 평가받지 못하는 경우가 허다하다. 이런 시스템 아래에서는 많은 인재들이 자신의 진정한 능력을 발휘할 기회를 잃게 된다. 최근 일부 기업들이 블라인드 채용이나 포트폴리오 중심의 평가 방식을 도입하는 것도 이런 문제를 해결하려는 노력의 일환이다. 학벌이나 기존의 스펙보다는 실제 능력과 잠재력을 중심으로 인재를 선발하려는 시도들이 늘어나고 있다. 이는 다양성의 가치를 인정하고 더 많은 사람들에게 기회를 제공하려는 의미 있는 변화라고 할 수 있다.

환경 문제에서 다양성의 중요성은 명확하게 드러난다. 생물다양성이 풍부한 생태계일수록 환경 변화에 대한 적응력과 회복력이 뛰어나다는 것은 잘 알려진 사실이다. 단일 작물만 재배하는 농업 방식은 특정 병충해나 기후 변화에 매우 취약하다. 반면 다양한 작물을 함께 재배하는 혼작 농업은 위험을 분산시키고 토양의 건강도 더 잘 유지할 수 있다.

자연에서 서로 다른 종들이 각자의 특성을 살려 생태계에 기여하듯이 인간 사회에서도 다양한 주체들이 각자의 강점을 발휘하며 공동의 목표를 달성해 나갈 수 있다. 진화생물학자 스티븐 제이 굴드는 "다양성이야말로 생명의 가장 놀라운 특징"이라고 말했다. 생물학적 진화도 결국은 다양한 변이와 적응을 통해 이루어지는 과정이다. 똑같은 개체들만 있다면 환경 변화에 적응할 수 없어 멸종할 수밖에 없다. 변화하는 환경에 대응하기 위해서는 다양한 특성을 가진 개체들이 필요하고 그중에서 가장 적합한 특성이 살아남아 다음 세대로 전해진다.

변화의 시대, 다양성이 답이다

급변하는 시대에 살아남기 위해서는 다양한 관점과 능력을 가진 사람들이 공존해야 한다. 인공지능과 자동화 기술의 발달로 기존의 일자리가 사라지고 새로운 직업이 등장하는 상황에서 단일한 기준으로만 인재를 평가한다면 변화에 제대로 대응하기 어려울 것이다. 창의성과 융합적 사고가 중요해지는 시대에는 오히려 기존의 틀을 벗어난 다양한 경험과 관점을 가진 사람들이 더 큰 가치를 창출할 수 있다. 예술과 기술을 결합한 새로운 분야들이 속속 등장하고 있고 전통적인 산업 분류로는 설명하기 어려운 융복합 영역들이 늘어나고 있다.

이런 변화의 시대에 우리가 가져야 할 태도는 명확하다. 서로의 다름을 인정하고 존중하며 그 다양성을 사회 발전의 동력으로 활용하는 것이다. 경쟁만이 능사가 아니라 협력을 통해서도 더 큰 성과를 거둘 수 있다는 자연의 가르침을 받아들여야 한다. 물론 이런 변화가 하루아침에 이루어질 수는 없다. 기존의 제도와 관습 고정관념을 바꾸는 일은 시간이 걸리는 과정이다. 하지만 작은 변화라도 지속적으로 시도해 나간다면 언젠가는 큰 변화로 이어질 수 있다. 교육 현장에서 학생들의 다양한 재능을 발견하고 키워 주려는 노력 기업에서 다양한 배경의 인재들을 포용하려는 시도 지역 사회에서 서로 다른 구성원들이 함께 문제를 해결해 나가는 실험들이 모두 의미 있는 변화의 씨앗이 될 수 있다.

자연은 이미 수억 년 전부터 다양성과 공존의 가치를 실증해 왔다. 80만

종이 넘는 곤충들이 각자의 역할을 하며 생태계를 유지하고 있고 칡잎과 해바라기가 서로를 배려하며 함께 자라나고 있으며 산호와 물고기들이 상생의 관계를 맺으며 바다 생태계를 풍요롭게 만들고 있다.

여러 식물이 공존하는 숲

우리 인간 사회도 이런 자연의 지혜를 배워 '조금 달라도 괜찮다'는 인식을 확산시켜 나가야 한다. 모든 사람이 똑같은 길을 걸어야 한다는 강박에서 벗어나 각자의 개성과 재능을 살려 다양한 방식으로 사회에 기여할 수 있는 환경을 만들어 가야 한다. 그런 사회야말로 예측 불가능한 미래에도 유연하게 적응하며 지속적으로 발전해 나갈 수 있는 튼튼한 기반을 갖춘 공동체가 될 것이다. 자연이 보여주는 다양성과 공존의 아름다움을 우리 삶 속에서도 실현해 나갈 때 개인의 행복과 사회의 번영이라는 두 마리 토끼를 모두 잡을 수 있을 것이다.

국립수목원 비밀의 정원 밤나무

2. 익숙함을 벗어나야 비로소 성장한다

변화를
두려워하지 않는 용기

🌲

"과거의 성공이 미래의 성공을 보장하지 않는다. 새로운 토양에서 새로운 뿌리를 내려야 할 때가 있다."

Past success does not guarantee future success. There comes a time when you must put down new roots in new soil.

― 『트리거』, 마셜 골드스미스(Marshall Goldsmith), 다산북스

어느 정도 자란 나무들의 경우 우리가 상상할 수 없을 정도로 많은 씨앗들이 달린다. 무심코 지나칠 때는 보이지 않지만 조금만 관심을 가지고 살펴보면 나무들은 모두 다 엄청난 씨앗을 만들어 내고 있다는 것을 알 수 있다. 식물들이 수많은 씨앗을 만들어 내는 것은 모두 나 후손을 남기기 위해서이다. 국립수목원 정문 앞에는 커다란 갈참나무와 신나무가 멋진 모습으로 탐

방객들을 반긴다. 이 나무들은 가을이 되면 정말 많은 도토리가 열린다.

수목원 정문을 통과해서 조금 더 들어가면 계수나무가 한 그루 있다. 이 계수나무도 가을이 되면 많은 씨앗이 달려 있다. 실제로 숲해설을 하다 보면 단풍나무와 느티나무, 버드나무, 물푸레나무 등에서 수많은 씨앗들이 바람을 타고 멀리 날아가는 모습을 지켜볼 수 있다. 이 많은 씨앗들이 모두 다 나무로 자라는 것은 아니다. 어미나무 바로 아래 떨어진 씨앗들은 그늘에 가려져 제대로 자라지 못하고 일생을 마감할 것이다. 하지만 바람을 따라 먼 곳까지 이동한 씨앗들은 햇빛이 풍부한 새로운 터전에서 싹을 틔울 확률이 높아지게 될 것이다.

씨앗은 왜 엄마의 품을 벗어나야 하는가?

일상에서 우리가 자주 듣는 '편안한 곳에서 벗어나야 진정한 성장이 시작된다'는 말이 단순한 격언이 아니라 자연법칙에 근거한 진리라는 사실을 그때 비로소 이해하게 되었다. 나무들조차 한자리에 머물러 있는 것처럼 보이지만 실제로는 끊임없이 새로운 영역으로 확장해 나가고 있다. 꽃가루와 씨앗을 통해 유전자를 먼 곳까지 전파하며 종족의 지속 가능성을 확보하는 것이다.

자연계에서 씨앗의 이동은 단순한 번식 행위를 넘어서는 의미를 갖는다. 어미나무 주변에 떨어진 씨앗은 이미 확보된 자원을 두고 경쟁해야 하는 불리한 상황에 놓인다. 수십 년 동안 뿌리를 깊이 내린 거대한 나무가 햇빛과

물 토양의 영양분을 대부분 차지하고 있기 때문이다. 이런 환경에서는 아무리 좋은 유전자를 가진 씨앗이라도 제대로 성장하기 어렵다. 반면 바람이나 동물의 도움으로 멀리 이동한 씨앗은 완전히 다른 기회를 얻는다. 경쟁자가 없는 새로운 공간에서 충분한 자원을 확보하며 자신의 잠재력을 마음껏 발휘할 수 있다.

복자기 나무 씨앗

이는 마치 인간이 익숙한 환경을 벗어나 새로운 도전을 시작할 때 얻게 되는 기회와 놀랍도록 유사하다. 꽃가루의 이동 역시 마찬가지로 중요한 의미를 갖는다. 같은 지역 내에서만 교배가 이루어지면 유전적 다양성이 감소하여 질병이나 환경 변화에 취약해진다. 하지만 멀리서 날아온 꽃가루와 만나면 새로운 유전적 조합이 만들어져 더욱 강인한 후손을 낳을 수 있다.

19세기 아일랜드 대기근 사건이 바로 이런 위험성을 극명하게 보여준다. 1840년대 아일랜드에서는 품종을 개량해 수확도 많고 맛도 좋은 한 품종의 감자만을 재배했다. 이때 감자에 감자 마름병이 발생하자 이 품종의 감자를 전혀 수확할 수 없었다. 감자는 당시 아일랜드 사람들의 주식이었다. 감자 역병으로 아일랜드 전 지역이 동시에 피해를 입었고 결국 100만 명이 넘는 사람들이 굶주림으로 목숨을 잃었다. 또 이 역병으로 200만 명이 넘는 사람들이 아일랜드에서 신대륙으로 이주했다. 결국 단지 감자 역병만으로 아일랜드 전체 인구의 4분의 1일 감소했다. 아이러니하게도 이때 신대륙을 찾아 떠난 후손들로 아일랜드계 미국인이 형성되었으며 지금도 미국인의 10%가량이 아일랜드계이다. 존 F. 케네디, 조 바이든 전 대통령도 아일랜드 후손들이다.

특정 지역에서 오랜 시간 머무르며 같은 나무끼리만 자가수분을 반복하면, 그 집단은 유전적 편협에 빠질 위험이 크다. 질병이나 환경 변화가 발생했을 때 대응력이 떨어지는 치명적인 문제를 안을 수 있다. 반면 다양한 꽃가루가 유입되고 섞이면서 생물 개체군 전체가 환경 스트레스에 한층 단단한 저항력을 갖게 된다. 어떤 병원체가 특정 유전자형에 치명적일 수 있어도 다른 유전자형은 그 병에 강한 내성을 지니고 있을 수 있기 때문이다. 이렇게 자연은 한곳에 머무르는 대신 부단히 '이동'을 택함으로써 자신이 속한 생태계를 더욱 유연하고 안전하게 구축해 나간다.

한 지역 내 동일 종만 밀집해 자라면 자원 경쟁도 치열하고 환경 변화, 기후 변화 등 돌발적인 상황이 발생했을 때 전체가 한꺼번에 위험에 처할 수 있다. 하지만 여러 종이 섞여 있고 각기 다른 꽃가루들이 다양하게 퍼져 나간다면 생물다양성이 높아지고 개체군 전체가 외부 스트레스에 대처하기 용이해진다.

우물 안 개구리를 벗어나는 법

우물 안 개구리라는 말이 있다. 대부분의 사람들은 자신의 좁은 세계에서 벗어나지 못한 채 하늘은 우물만큼의 크기라 생각하며 살아간다. 너무 오래 한 가지 분야, 한 직장, 혹은 한 지역에만 머물러 있으면, 우리는 발전할 기회를 포착하기 어렵게 된다. 이미 우리에게 익숙한 환경 안에서는 성장의 동력이 점차 약해지기 때문이다. 어떠한 분야에서든 끊임없이 새 영역에 도전하고 자신이 갖춘 역량을 실험하는 가운데 비로소 새로운 가능성을 발견하게 된다.

나무가 어미나무 가까이에서는 생존하기 어려워 씨앗을 바람에 날려 다른 곳으로 퍼뜨리듯, 인간도 기존 환경을 벗어나지 않으면 풍부한 자원과 기회를 얻을 수 있는 더 넓은 세상을 만나기 어렵다. 미국의 경영학자 마셜 골드스미스는 "과거의 성공이 미래의 성공을 보장하지 않는다."라고 말했다. 이는 자연계의 원리와 정확히 일치하는 통찰이다. 한 곳에서 성공했다고 해서 계속 그 자리에 안주한다면 결국 성장이 멈추고 도태될 위험에 처하게 된다. 변화하는 환경에 적응하기 위해서는 끊임없이 새로운 시도를 해야 한다.

현대 사회에서도 이런 원리는 그대로 적용된다. 한 분야에서 오랫동안 일해 온 전문가라도 새로운 기술이나 트렌드를 받아들이지 않으면 경쟁력을 잃게 된다. 디지털 기술의 발달로 기존 산업 구조가 급속히 변화하고 있는 지금 과거의 경험만으로는 미래를 대비하기 어렵다. 인공지능과 자동화 기술이 많은 일자리를 대체하고 있고 새로운 형태의 직업들이 속속 등장하고 있다. 이런 변화의 시대에 살아남기 위해서는 나무의 씨앗처럼 용기를 내어 익숙한 영역을 벗어나야 한다. 새로운 분야를 배우고 다양한 사람들과 네트워크를 구축하며 기존의 사고방식을 과감히 바꿔 나가는 노력이 필요하다. 이는 분명 불편하고 때로는 두려운 과정이지만 이를 통해서만 진정한 성장을 이룰 수 있다.

실리콘 밸리의 성공 신화들도 이런 원리를 잘 보여준다. 구글의 창립자 래리 페이지와 세르게이 브린은 기존의 검색엔진 방식을 완전히 뒤바꾼 새로운 알고리즘으로 혁신을 이루어 냈다. 아마존의 제프 베이조스는 안정적인 월스트리트 직장을 그만두고 인터넷 서점이라는 당시로서는 생소한 사업에 뛰어들었다. 이들은 모두 익숙한 안전지대를 벗어나 위험을 감수하며 새로운 길을 개척했기에 오늘날의 성공을 거둘 수 있었다.

세계 최대의 메모리 반도체 업체인 삼성전자가 최근 들어 고전을 하고 있다. HBM(고대역폭 메모리) 시장에서의 열세 때문이다. 반면에 경쟁 업체인 하이닉스는 엔비디아 등 주요 AI 반도체 고객사들에게 HBM 반도체를 안정적으로 공급하면서 글로벌 AI 메모리 시장에서 삼성전자를 따라잡고 있다. 글로벌 1위 업체도 기회를 놓치면 위험에 빠질 수 있다. 아무리 대기업이라 하더라도 안주하면 뒤처진다. 심지어는 시장에서 도태될 수 있다.

하지만 삼성전자는 시스템 반도체와 파운드리 사업으로 영역을 넓혀 가며 새로운 기회를 노리고 있다. 삼성전자는 최근 테슬라의 일론 머스크와 23조 원 규모에 달하는 반도체 파운드리 계약을 체결했다. 이 칩은 2027년부터 출시되기 시작해 이후 예정되어 있는 테슬라의 완전 자율 차량, 휴머노이드 로봇 등 다양한 미래 기술에 활용될 것으로 보인다. 삼성전자를 비롯해서 글로벌 1위 업체들의 성공 비결은 기존 사업에 안주하지 않고 끊임없이 새로운 분야에 도전한 데 있다.

변화에 대한 두려움은 어떻게 극복해야 하나?

변화와 도전이 항상 쉬운 것은 아니다. 인간은 본능적으로 안정성을 추구하는 경향이 있어 새로운 환경에 대한 두려움을 느끼기 마련이다. 경제학에서 말하는 '손실 회피 편향'도 이런 심리를 설명한다. 사람들은 같은 크기의 이득보다 손실을 더 크게 느끼기 때문에 위험을 감수하기보다는 현상 유지를 선호한다. 이런 심리적 장벽을 극복하기 위해서는 작은 변화부터 시작하는 것이 도움이 된다. 갑자기 큰 변화를 시도하기보다는 일상 속에서 작은 도전들을 통해 변화에 대한 적응력을 기르는 것이다. 새로운 취미를 시작하거나 다른 지역으로 여행을 가보거나 평소 만나지 않던 사람들과 교류하는 것도 좋은 방법이다.

자연에서 관찰할 수 있는 또 다른 교훈은 적응의 중요성이다. 씨앗이 새로운 환경에 떨어졌을 때 기존의 방식만 고집한다면 생존하기 어렵다. 토양의 성질이나 기후 조건에 맞춰 성장 패턴을 조절해야 한다. 마찬가지로 인간도 새로운 환경에 적응하는 유연성을 갖춰야 한다. 미국의 대표적인 문화인류학자 마거릿 미드는 '변화하는 세상에서 살아남는 것은 가장 강한 종도 가장 똑똑한 종도 아니라 변화에 가장 잘 적응하는 종'이라는 다윈의 말을 인용하며 적응력의 중요성을 강조했다.

낙상홍 열매

피나무 씨앗

현대 사회의 급속한 변화 속에서 이런 적응력은 더욱 중요해지고 있다. 특히 글로벌화가 진행되면서 다양한 문화와 가치관을 가진 사람들과 함께 일해야 하는 경우가 늘어나고 있다. 이때 자신의 방식만 고집하기보다는 상대방의 관점을 이해하고 받아들이는 자세가 필요하다. 이런 문화적 적응력을 갖춘 사람들이 국제적인 무대에서 더 큰 성과를 거두고 있다.

코로나19 팬데믹도 변화와 적응의 중요성을 여실히 보여주었다. 갑작스러운 환경 변화에 빠르게 적응한 개인과 기업들은 오히려 새로운 기회를 발견하기도 했다. 재택근무가 일반화되면서 온라인 협업 도구들이 급성장했고 비대면 서비스 산업이 크게 발달했다. 변화를 위기로만 받아들이지 않고 기회로 전환시킨 사례들이다.

익숙함의 경계를 넘어서면 기회가 온다

자연이 우리에게 전하는 메시지는 명확하다. 안전하고 익숙한 곳에 머물러 있으면 당장은 편안할지 모르지만 장기적으로는 성장의 기회를 놓치게 된다는 것이다. 나무가 씨앗을 멀리 보내는 것처럼 우리도 때로는 과감히 새로운 영역에 도전해야 한다. 이는 단순히 개인의 성공만을 위한 것이 아니다. 사회 전체의 발전을 위해서도 필요한 일이다. 다양한 분야에서 도전하는 사람들이 많아질수록 사회의 혁신 역량도 강화된다. 새로운 아이디어와 기술이 끊임없이 생겨나고 이는 전체 사회의 경쟁력 향상으로 이어진다.

변화와 도전이 쉽지 않다는 것은 분명한 사실이다. 하지만 그 과정에서 얻게 되는 성장과 발전의 기쁨은 그 어떤 것과도 바꿀 수 없는 소중한 경험이다. 씨앗이 새로운 땅에서 뿌리를 내리고 큰 나무로 자라나는 것처럼 우리도 새로운 환경에서 자신만의 잠재력을 마음껏 펼칠 수 있을 것이다. 눈에 보이지 않는 기회와 가능성은 늘 익숙함의 경계를 넘어선 곳에 숨겨져 있기 마련이기 때문이다.

오늘도 숲길을 걸으며 먼 곳으로 퍼져 나가는 씨앗의 여정을 지켜보면서 그 작은 씨앗 한 알이 새로운 땅에서 뿌리를 내리고 커다란 나무로 자라날 모습을 상상하게 된다. 이처럼 처음에는 작고 미약해 보이는 존재가, 전혀 다른 환경에서 자신만의 터를 마련해 결국 숲의 일원으로서 큰 기둥이 되어 가는 과정은 경이롭다. 이는 우리가 인생에서 겪는 도전과 희망, 그리고 노력이 어떤 의미를 갖는지 직접 보여주는 무언의 교육이기도 하다. 익숙함에 안주하는 순간 찾아오는 것은 편안함일 수 있으나, 동시에 성장을 멈추는 지름길이 될 수 있다는 점을 나무는 가르쳐 준다.

우리는 살면서 자주 선택의 갈림길에 놓인다. 현실에 남아 안전해 보이는 길을 갈 것인가, 아니면 조금 두렵더라도 새로운 영역에 발을 들여놓을 것인가. 나무들이 전하는 메시지는 분명하다. 한곳에 머무르면 당장은 편안하고 익숙할지언정 그 끝에는 성장의 한계를 마주할지도 모른다. 반면 바람 따라 다른 땅으로 씨앗을 날려 보내는 나무처럼 편안하고 익숙한 곳을 떠나 미래를 준비하는 자에게는 더 풍성한 기회가 기다리고 있을 가능성이 크다.

국립수목원 숲길

3. 세상에 똑같은 꽃은 없다

**나만의 방식으로
후손을 남긴다**

"자연이야말로 우리에게 진정한 지혜를 전해 주는 유일한 책이다."
(Nature is, after all, the only book that offers important content.)

– 괴테(Johann Wolfgang von Goethe)

봄에 피는 꽃들을 살펴보다 보면 저마다 고유한 색깔과 모양으로 우리의 시선을 사로잡는다. 지구상에 존재하는 꽃이 피는 식물은 35만여 종이 넘는다. 그런데도 같은 모양의 꽃은 거의 없다. 단지 '너무 예쁘다'라고만 생각하면서 무심코 지나치게 되는 수많은 꽃들이 서로 다른 이유에 대해 생각해 본 적이 있는가?

꽃이 다양한 모양을 가지게 된 것은 후손을 남기기 위한 수분 전략에 의

해서이다. 어떻게 하면 수분을 도와주는 곤충을 불러들일 수 있을까? 꽃들은 이를 위해 지금도 진화하고 있고 혁신하고 있다. 어떤 꽃들은 신기하게도 꽃이 핀 뒤 시간이 지나면 꽃들의 색깔이 조금씩 달라진 것을 발견한 적이 있을 것이다. 처음에는 단순히 시간이 흘러서 변색된 것으로 여겼지만 이러한 변화에는 놀라운 생존 전략이 숨어 있다. 자연계에서 꽃의 색깔 변화는 우연의 산물이 아니라 오랜 진화 과정을 통해 완성된 정교한 의사소통 시스템이다. 식물들은 꽃을 통해 곤충들과 복잡한 신호를 주고받으며 자신의 생존과 번식을 위한 최적의 전략을 구사한다.

꽃들은 왜 색깔을 변화시키나?

꽃이 예뻐서 집에서도 흔히 기르는 란타나는 이러한 색깔 변화의 완벽한 교과서다. 이 식물은 노란색 꽃으로 시작해서 점차 분홍색과 주황색을 거쳐 자주색으로 변해 간다. 하나의 꽃차례 안에서도 다양한 색깔이 동시에 존재하는 모습을 보여준다. 개화 초기의 밝은 노란색은 여기에 달콤한 꿀이 있다는 신호로 곤충들을 유인한다. 그러나 수분이 완료되면 색깔을 바꿔 이미 임무를 마쳤으니 다른 꽃을 찾아가라는 메시지를 전달한다.

이러한 신호 체계는 식물과 곤충 모두에게 효율적이다. 곤충들은 꿀이 없는 꽃에 시간을 낭비하지 않아도 되고 식물은 이미 수정이 완료된 꽃에 불필요한 자원을 쏟지 않아도 된다. 란타나의 작은 꽃송이 하나하나가 실시간으로 색을 바꾸는 모습은 마치 교통 신호등처럼 정확한 정보를 전달한다.

우리 주변에서 더욱 쉽게 만날 수 있는 인동덩굴도 비슷한 지혜를 보여준다. 처음에는 순백색 꽃으로 피어나 벌과 나비의 관심을 끈다. 시간이 지나면서 꽃 색깔이 노란색으로 변하는데 이는 수정이 진행되었다는 신호다. 흰색에서 노란색으로의 변화는 곤충들에게 명확한 메시지를 전달하는 자연의 언어인 셈이다. 병꽃나무 역시 개화 초반에는 연한 아이보리색을 띠다가 이후 점차 분홍색으로 변해 간다. 이러한 색깔 변화는 마치 숙련된 지휘자가 오케스트라를 이끌며 각 악기의 소리를 조화롭게 만들어 내는 것과 같다.

인동덩굴

병꽃

폐장초와 포인세티아의 특별한 변신

최근 주목받기 시작한 폐장초(풀모나리아, Pulmonaria)라는 꽃은 색이 선명하고 화려하며, 낮은 위치에 모여 핀다. 이 꽃은 향기와 꿀로 무장한 뒤 곤충을 유인하고, 곤충이 방문할 때 꽃가루가 몸에 묻어 다른 꽃으로 옮겨지게 한다. 이 꽃은 분홍색에서 자주색과 푸른색으로 변화한다. 이런 색의 변화는 곤충들에게 새로 핀 꽃을 알려주어 방문 시기를 조절한다.

포인세티아가 보여주는 현상은 더욱 흥미롭다. 많은 사람이 빨간 부분을 꽃잎으로 생각하지만 실제로는 변형된 잎인 포엽이 색을 바꾸는 것이다. 실제 꽃은 중앙에 작은 노란 꽃이 모여 있다. 일조 시간이 짧아지고 온도가 떨어지는 겨울철에 특정 식물 호르몬이 활성화되어 포엽이 붉은색으로 변한다. 곤충들은 포엽에 따라 꽃이 있는 곳으로 찾아간다.

할미꽃

할미꽃씨앗

꽃들의 변화는 색깔에만 국한되지 않는다. 할미꽃은 보라색 꽃을 아래로 숙인 채 봄에 피지만 수정이 끝나면 꽃받침과 줄기의 자세가 변한다. 씨앗이 잘 퍼질 수 있도록 최적의 각도를 만드는 것이다. 매발톱꽃이나 처녀치마 같은 식물들도 수정 후 꽃대의 방향을 조절하여 씨앗의 확산을 돕는다. 이러한 모든 변화는 결국 식물의 번식 효율을 극대화하려는 목적에서 비롯된다. 다윈이 적자생존을 말했듯이 자연계에서 살아남기 위해서는 끊임없는 적응과 변화가 필요하다. 꽃들의 색깔 변화는 이러한 적응 전략의 완벽한 사례다.

디지털 시대, 꽃처럼 적응하며 살아가기

우리가 사는 사회에서도 변화는 선택이 아닌 필수가 되었다. 기업들이 디지털 전환을 추진하고 개인들이 평생 학습을 강조하는 것도 이러한 맥락에서 이해할 수 있다. 구글의 창립자 래리 페이지는 변화의 속도가 빨라질수록 우리는 더 빨리 적응해야 한다고 말했다. 이는 자연계 식물들이 보여주는 적응 전략과 일맥상통한다.

꽃들이 보여주는 변화의 지혜는 우리의 일상생활에도 적용될 수 있다. 때로는 기존의 방식을 고수하기보다는 상황에 맞게 전략을 수정하는 것이 더 효과적일 수 있다. 란타나가 수분 완료 후 색깔을 바꿔 불필요한 자원 낭비를 막는 것처럼 우리도 이미 완료된 프로젝트에 과도하게 매달리지 말고 새로운 기회를 찾아야 한다.

기업 경영에서 꽃들의 색깔 변화 전략이 주는 교훈은 명확하다. 제품의 생명 주기에 따라 마케팅 전략을 조정하고 고객의 니즈 변화에 맞춰 서비스를 개선하는 것이 필요하다. 아마존의 제프 베이조스는 "고객의 요구는 항상 변한다. 우리는 그 변화를 예측하고 대응해야 한다."고 강조했다. 이는 꽃들이 실시간으로 상황을 파악하고 신호를 조정하는 것과 같은 맥락이다. 꽃들의 색깔 변화가 시간 관리에 주는 교훈도 주목할 만하다. 너무 이르거나 늦은 변화는 오히려 역효과를 낼 수 있다. 폐장초가 토양 조건에 따라 점진적으로 색을 바꾸는 것처럼 우리도 상황을 정확히 파악하고 적절한 타이밍에 변화를 시도해야 한다.

기술 발전의 속도가 빨라지는 현시대에 꽃들의 적응 전략은 더욱 중요한 의미를 갖는다. 지속적인 학습과 적응이 생존의 필수 조건이 되었다. 인공지능과 자동화 기술이 발전하면서 많은 직업이 변화하고 있다. 이러한 상황에서 꽃들이 보여주는 유연성과 적응력은 우리에게 중요한 교훈을 제공한다. 코카콜라가 시대에 따라 광고 전략을 변화시키면서도 핵심 브랜드 가치를 유지하는 것이 좋은 예다. 이는 꽃들이 색깔을 바꾸면서도 본질적인 기능은 유지하는 것과 같은 원리다. 갈등 해결과 협상에서 상대방의 신호를 정확히 읽고 적절한 반응을 보이는 것이 성공적인 협상의 열쇠다. 란타나가 곤충들과 주고받는 신호처럼 인간 사회에서도 명확하고 효과적인 의사소통이 필요하다. 갈등을 해결하기 위해서는 상대방의 입장을 이해하고 적절한 시점에 적절한 방식으로 접근해야 한다.

변화는 생존과 번영을 위한 필수 과제

각자 다른 꽃으로 곤충을 유혹하는 식물에게서 배울 점이 많다. 다양한 배경과 가치관을 가진 사람들이 함께 어울려 살아가기 위해서는 서로의 신호를 정확히 이해하고 적절히 반응하는 능력이 필요하다. 이는 꽃들이 수백만 년에 걸쳐 완성한 정교한 의사소통 시스템에서 배울 수 있는 귀중한 교훈이다. 환경 위기와 기후 변화가 심각한 문제로 대두되고 있는 현시대에 꽃들의 적응 전략은 특별한 의미를 갖는다. 식물들처럼 우리도 변화하는 환경에 능동적으로 적응하고 지속 가능한 발전 방향을 모색해야 한다. 이는 단순히 개인의 문제가 아니라 인류 전체의 생존과 번영을 위한 필수적 과제다.

독일을 대표하는 시인이자 철학가인 괴테는 '자연은 우리가 읽어야 할 책'이라고 했다. 우리는 자연 속에서 인생의 해답을 찾을 수 있다. 꽃들의 변화하는 모습을 통해 우리는 삶의 진정한 의미와 가치를 재발견할 수 있다. 변화를 통한 성장과 발전이야말로 자연이 우리에게 전하는 가장 소중한 메시지이다. 꽃들의 색깔 변화는 단순한 자연 현상이 아니라 생존과 번영을 위한 고도의 전략이다. 우리도 이러한 자연의 지혜를 배워 급변하는 시대에 적응하고 성장하는 능력을 기를 수 있다. 변화를 통해 더 나은 미래를 만들어 가는 것이 우리 모두의 과제다.

봄날 꽃들을 바라보며 그들의 변화하는 모습에서 삶의 지혜를 발견한다면 우리의 일상도 더욱 풍요로워질 것이다. 자연은 언제나 우리에게 가장 소중한 교훈을 전해 주는 스승이다. 꽃들의 색깔 변화가 주는 메시지에 귀를 기울이며 변화하고 혁신해야 생존할 수 있다.

세상에 똑같은 꽃은 없다. 다양한 모습으로 피어나는 꽃들

4. 보이지 않는 숲속 대화, 나무도 언어가 있다

향기로 전하는
나무들의 소통법

"자연에서 하나의 것을 끌어당기면, 그것이 세상의 나머지 모든 것과 연결되어 있다는 것을 발견하게 된다."

When one tugs at a single thing in nature, he finds it attached to the rest of the world.

― 〈동생 사라에게 보내는 편지〉, 존 뮤어(John Muir)

바람이 잔잔한 숲속을 거닐다 보면 묘한 기운을 느낄 때가 있다. 마치 나무들이 서로 무언가를 속삭이고 있는 것 같은 신비로운 분위기 말이다. 잎사귀 사이를 스치는 공기나 땅속에 뻗은 뿌리 네트워크를 통해 무언가 교신을 주고받는 듯한 인상을 받는다. 어느 날 숲속에서 들리는 여러 소리들이 누군가를 향해 무엇인가 호소하는 소리처럼도 들리고 어느 때는 다정한 숨결처럼 부드럽기도 하다.

이는 단순한 상상이 아니다. 과학자들이 오랫동안 연구해 온 '나무의 언어'가 실제로 존재한다는 사실이 점점 명확해지고 있다. 이 신비로운 소통 방식은 우리가 일상적으로 사용하는 음성이나 문자와는 완전히 다르다. 대신 화학물질 특히 향기나 가스 그리고 뿌리를 둘러싼 균류를 통해 전달되는 신호를 메시지로 삼아 나무들은 생각보다 풍부하고 치밀하게 서로 소통하고 있다. 이런 발견은 우리가 자연을 바라보는 관점을 근본적으로 바꾸어 놓고 있다.

곤충 공격에 맞서는 나무들의 화학 무기

나무가 천적의 위협을 감지했을 때 내보내는 첫 번째 메시지는 바로 '향기' 혹은 '냄새'다. 곤충이 잎을 갉아 먹거나 줄기를 파고들면 나무는 즉시 화학 신호를 분비해 주변 다른 식물들에게 위험을 알린다. 동시에 직접적인 방어물질도 생성한다. 참나무는 잎과 껍질에서 떫고 쓴맛을 내는 탄닌 계열의 독성물질을 분비해 곤충이 더 이상 씹거나 갉아 먹기 어렵게 만든다. 그 쓰디쓴 맛과 독성은 해충을 포기하게 만들 뿐만 아니라 공격을 받지 않은 주변 참나무들에게도 그 소식을 전한다.

실제로 벌레 한 마리가 나무 꼭대기의 잎을 갉아 먹기 시작하면 나뭇잎이 방출하는 특정 기체인 휘발성 유기화합물을 인근 나무들이 감지한다는 연구 결과들이 보고되있다. 그러면 주변 나무들은 같은 종이라면 곧상 '넓고 독한' 방어물질을 생산하기 시작한다. 공격을 받은 개체가 '전문 경보 시스템'을 작동시키면 아직 공격받지 않은 개체도 미리 무장 태세를 갖추게 되는 것이다.

 독일의 생태학자 카를 폰 프리슈는 "자연에서는 모든 것이 연결되어 있고 모든 생명체가 서로 대화한다."고 말했다. 나무들의 화학적 소통이 바로 이런 연결성을 보여주는 대표적 사례다. 버드나무는 살리신이라는 특유의 성분을 분비하는 것으로 유명하다. 살리신은 해충에게는 달갑지 않은 화학물질이지만 인간에게는 열을 내리고 통증을 완화하는 효과가 있어 아스피린의 원료가 되었다. 아이러니하게도 인류가 약재로 개발한 물질이 버드나무 입장에서는 '곤충 공격을 대비하기 위한 방어 전술'이었던 것이다.

왕버들

때로는 냄새가 지독하거나 쓰디쓴 맛을 넘어 주변 환경 전체에 영향을 미치는 휘발성 물질이 되어 공기 중으로 넓게 확산되기도 한다. 어떤 나무가 잎을 파먹히면 '이 지역은 위험하다'라는 메시지를 화학적 신호로 보내 같은 종뿐 아니라 다른 종의 나무들도 이를 감지하여 각각 대응에 들어간다.

탄닌 농도를 높여 생존하는 아카시아의 지혜

아프리카에 주로 많이 서식하는 식물인 아카시아의 사례가 특히 유명하다. 기린이 나뭇잎을 씹어 먹기 시작하면 잎에서 탄닌 농도가 갑자기 높아지고 동시에 에틸렌 가스 같은 화합물이 주변 공기로 퍼져 나간다. 그러면 인접한 아카시아들도 재빨리 방어물질을 늘려 기린이 더 이상 접근하지 못하게 만든다. 이는 식물이 단순히 수동적 피해자가 아니라 능동적 방어자임을 보여준다. 버드나무의 살리신은 곤충에게 '먹을 수 없는 독'처럼 작용하기 때문에 잎벌레들은 결국 해당 지역을 포기하고 다른 곳으로 이동했다. 이 연구는 버드나무가 지닌 '살리신 방어'가 단순히 한 그루에 국한된 것이 아니라 군락 전체가 협력하여 발휘될 수 있음을 잘 보여준다. 이처럼 나무가 향기나 화학 신호를 언어로 삼아 정보를 주고받는 모습은 단순히 생물학적 호기심을 넘어 '사회성'이라는 관점에서도 큰 의미가 있다.

사람들은 흔히 자연계를 '생존 경쟁'만 가득한 곳으로 오해하곤 한다. 하지만 최근의 숲 생태학 연구는 오히려 '공존'과 '협력'이 중요한 키워드임을 강조한다. 찰스 다윈조차 말년에는 '협력하는 종족이 생존한다'고 자신의 초기 이론을 수정했다. 식물들 역시 경쟁자를 뿌리치고 자원을 독점하기보다는 상호 도움을 주고받으면서 전체적인 환경을 안정적으로 유지하려 한다는 사실이 점점 밝혀지고 있다.

땅속의 인터넷 '우드 와이드 웹'

지상에서 나는 냄새만이 전부가 아니다. 땅속에서도 또 다른 놀라운 소통 경로가 펼쳐진다. 균류 '마이코라이자'는 식물 뿌리에 기생하여 양분과 물 흡수를 돕고, 식물은 균류에게 광합성으로 만들어진 양분을 제공하며 상호 이익을 얻는 공생 관계를 이루며 서로 살아간다. 이러한 공생 관계는 식물과 곰팡이 모두에게 유익하다. 이 균류들은 단지 양분을 주고받는 데 그치지 않고 일종의 '메시지 전달자' 역할도 맡는다.

식물생리학자들은 이러한 균사 네트워크를 두고 '우드 와이드 웹'이라 부른다. 인터넷의 '월드 와이드 웹'에 빗댄 표현이다. 한 나무가 병원균에 감염되거나 곤충 공격을 받으면 특정 화학 신호를 분비한다. 그러면 그것이 균사 네트워크를 통해 이웃 나무들에게 전파된다. 캐나다의 산림생태학자 수잔 시마드는 30년간의 연구를 통해 이런 지하 네트워크의 존재를 과학적으로 입증했다. 그녀는 '숲은 단순한 나무들의 집합이 아니라 서로 연결된 하나의 슈퍼 오거니즘'이라고 표현했다. 나무들은 이 정보를 받아들여 미리 방어 유전자 발현을 활성화하거나 특정 휘발성 물질을 만들어 공격에 대비한다.

눈에 보이지 않는 뿌리 아래에서 매우 정교하고 빠른 '소통 시스템'이 작동하고 있다는 사실은 과거에는 상상하기 어려웠던 영역이다. 때로는 다른 종의 나무끼리도 서로 친구가 되어 정보를 교환한다는 연구 결과도 있다. 숲속에서 큰 교목 아래 자라는 묘목은 직접적으로 햇빛을 충분히 받지 못하지만 균사체를 통해 일부 양분을 분배받거나 위험 신호를 공유받아 살아남을 수 있다.

숲은 복잡하고 체계적인 화학적 소통 현장

물론 나무가 생각을 하거나 의도적으로 언어를 구사한다고 보기는 어렵다. 그러나 과학자들이 '나무도 언어가 있다'라고 표현하는 것은 그 화학 신호 체계가 사람의 언어만큼이나 복잡하고 체계적이라는 의미다. 냄새로 경고하고 미세한 뿌리 균사로 소식을 전하며 때로는 벌레를 쫓기 위해 특정 색깔이나 맛을 만들어 내기도 한다. 나무 한 그루 한 종에 그치지 않고 여러 종 사이에서 이러한 화학 대화가 오가기에 숲 전체는 마치 하나의 유기체처럼 살아 움직일 수 있는 것이다. 독일의 산림학자 피터 볼레벤은 '나무들의 비밀스러운 삶'이라는 저서에서 '숲은 거대한 사회적 네트워크'라고 표현했다.

숲해설가로 활동하며 실제로 나무들의 화학적 소통이 일어나는 현장을 직접 목격하기는 쉽지 않다. 그 과정은 우리 눈에 잘 보이지 않기 때문이다. 하지만 예민한 계절 변화나 갑작스럽게 해충이 기승을 부릴 때 숲에서 벌어지는 일들은 간접적으로 그 소통의 흔적을 보여준다. 어느 날 갑자기 참나무 잎이 몹시 떫고 쓴 맛을 띠기 시작하면 그 근처에서 벌레가 다량 발생했을 가능성이 높다. 아니면 잎맥을 따라 반점이 생기고 냄새가 평소보다 짙어진다면 나무가 스스로 방어 기전을 활성화했을 수 있다.

최근 연구에 따르면 나무들의 소통 능력은 우리가 상상했던 것보다 훨씬 정교하다. 식물들은 특정 상황에 따라 서로 다른 화학 신호를 사용한다. 가뭄 스트레스를 받을 때와 병원균에 감염되었을 때 그리고 해충의 공격을 받을 때 각각 다른 언어를 구사한다는 것이다. 더 놀라운 것은 나무들이 학습 능력까지 보인다는 점이다. 한 번 특정 위험에 노출된 나무는 다음번에 같은 위험이 닥쳤을 때 더 빠르고 강력하게 반응한다. 이는 일종의 '면역 기억'과 유사한 메커니즘이다.

일본의 식물생리학자 다츠야 시마 박사는 '식물들은 우리가 생각하는 것보다 훨씬 더 지능적이고 사회적'이라고 말한다. 그의 연구팀은 나무들이 시간대별로도 다른 화학 신호를 보낸다는 사실을 발견했다. 낮에는 광합성과 관련된 신호를 밤에는 방어와 관련된 신호를 더 활발하게 주고받는다는 것이다.

나무들의 소통 시스템은 현대 기술 개발에도 영감을 주고 있다. 분산형 네트워크나 자율 시스템 설계에 나무들의 협력적 소통 모델이 응용되고 있다. 특히 사물 인터넷이나 스마트 시티 구축에 있어 중앙 집권적 통제가 아닌 분산형 자율 네트워크의 중요성이 대두되면서 숲의 소통 모델이 주목받고 있다.

기후 변화 시대, 더욱 정교해진 소통시스템

기후 변화가 가속화되면서 나무들의 소통 패턴도 변화하고 있다. 온도 상승과 극한 기후 현상이 잦아지면서 나무들은 더욱 빈번하고 복잡한 화학 신호를 주고받고 있다. 이는 숲 생태계가 변화하는 환경에 적응하려는 노력의 일환으로 해석된다. 하지만 급격한 환경 변화로 인해 기존의 소통 시스템이 혼란을 겪는 경우도 있다. 서식지 파편화나 대기오염으로 인해 화학 신호가 제대로 전달되지 않거나 오해를 불러일으키는 상황이 발생하기도 한다. 이는 숲 보전의 중요성을 더욱 부각시킨다.

칠엽수 단풍

우리도 일상에서 나무들의 언어를 어느 정도 감지할 수 있다. 산책하다가 특별히 향긋하거나 독특한 냄새가 나는 나무를 발견한다면 그것은 나무가 무언가를 말하고 있는 것일지도 모른다. 특히 봄철에 나무들이 내뿜는 다양한 향기들은 번식이나 성장과 관련된 화학 신호일 가능성이 크다. 가을철 단풍나무에서 나는 달콤한 향기는 겨울 준비를 위한 화학적 변화의 부산물이다. 소나무 숲에서 느끼는 상쾌한 피톤치드 향도 나무들이 병원균과 해충을 막기 위해 분비하는 방어 물질이다. 이런 향기들을 맡으며 산책하는 것은 단순히 기분 좋은 경험이 아니라 나무들의 화학적 대화에 참여하는 것이기도 하다.

나무도 언어가 있다는 표현은 결코 과장이 아니다. 그 언어는 우리가 아는 문자나 음성이 아니라 향기나 가스 균사망을 통로로 삼는 화학적·물리적 소통이다. 숲해설가로서 숲을 관찰하다 보면 숲 안에 사는 식물들이 서로 얼마나 유기적이며 정교하게 살아가는지 새삼 깨닫게 된다. 스쳐 가는 바람 한 줄기 땅속의 버섯 균사 하나까지도 실은 수천 가지 신호와 정보를 교환하고 있을 수 있다는 사실. 이를 알아가다 보면 숲은 곧 '하나의 살아 있는 유기체'라는 말이 조금도 허투루 들리지 않는다.

나무들의 언어를 통해 우리는 진정한 소통과 협력이 무엇인지 배울 수 있다. 경쟁보다는 협력을 통해 전체가 함께 번영하는 지혜를 얻을 수 있다. 기술이 발달하면서 나무들의 언어를 더 정확하게 번역할 수 있는 날이 올지도 모른다. 이미 일부 연구자들은 특수 센서를 이용해 나무들의 화학 신호를 실시간으로 모니터링하고 있다. 이런 기술이 발전하면 숲의 건강 상태를 미리 파악하거나 자연재해를 예측하는 데 도움이 될 수 있다.

오늘 산책로에서 혹시 갉아 먹힌 나뭇잎이나 유난히 짙은 냄새를 풍기는 나무를 발견한다면 그 근처에서는 또 어떤 화학적 소통이 오가고 있을지 상상해 보자. 우리가 모르는 사이 나무들은 경보를 울리고 이웃들과 신호를 나누며 비밀스러운 언어로 숲 전체를 지켜나가고 있을지 모른다. 그런 숲의 언어를 조금씩 엿들으려 애쓰는 순간 우리는 자연과 더욱 깊이 연결되는 경험을 하게 될 것이다. 숲은 거대한 대화의 장이다. 나무들의 언어에 귀 기울일 때 우리는 자연이 주는 가장 소중한 가르침을 받을 수 있다.

5. 숲속의 생존 마스터, 나무들의 생존 전략

움직이지 않고도
살아남는 법

"어떤 이들에게는 기쁨의 눈물을 자아내는 나무가 다른 이들의
눈에는 단지 길을 막고 서 있는 초록빛 물체일 뿐이다."

The tree which moves some to tears of joy is in the eyes of others only a
green thing that stands in the way.

— 〈윌리엄 블레이크의 편지〉, 윌리엄 블레이크(William Blake)

오늘도 나는 숲을 찾았다. 언제부터인가 나는 숲을 거닐며 숲을 관찰하는 습관이 생겼다. 한자리에 고요히 서 있는 나무들의 삶이 신기함을 넘어 경외감까지 든다. 남의 것을 탐내지 않고 그 자리에서 어떻게 저 나무는 저렇게 클 수 있을까? 나무는 일핏 보기에 움직이지 않고 수동적인 존재처럼 보인다. 하지만 사실은 숲속의 생존 마스터라고 해도 손색이 없을 정도로 다

채로운 활동과 치밀한 적응 과정을 거쳐 오늘도 묵묵히 뿌리를 내리며 살고 있다.

　식물이 햇빛과 물 그리고 토양에 담긴 무기질만으로 살아간다는 점은 인간이나 동물에게 낯선 방식이다. 그러나 엄혹한 자연환경에서도 수억 년을 견디어 온 사실을 떠올리면 그 자체가 경외심을 불러일으킨다. 한자리에 머물면서도 온갖 위험에 대응하고 번성해 온 나무들의 삶을 들여다보면 우리가 미처 몰랐던 놀라운 생존의 지혜를 발견하게 된다.

식물의 광합성은 위대한 발명품

　나무를 포함한 식물은 흔히 독립 영양체라고 부른다. 식물은 숲 생태계에서 생산자이다. 식물만이 무기물을 탄수화물로 생성해 낸다. 이는 외부에서 먹잇감을 구해야 하는 동물과 달리 빛 에너지를 이용해 스스로 탄수화물을 합성하고 생장을 이어 간다는 뜻이다. 식물이 만들어 내는 이 에너지가 없다면 동물은 생존할 수 없다. 그 핵심은 광합성이다. 잎에 있는 엽록체가 햇빛을 흡수해 이산화탄소와 물을 원료로 탄수화물을 만들고 그 과정에서 산소를 배출한다.

 이러한 자급자족 능력은 나무에게 매우 강력한 생존 수단이 된다. 동물이 먹잇감을 찾아 이동해야 하는 것과 달리 나무는 한자리에 뿌리를 내리고 빛·물·무기질만으로 생존에 필요한 에너지를 생산하기 때문이다. 다만 광합성은 빛의 세기와 온도 습도 이산화탄소 농도 등에 민감하므로 나무들은 잎의 각도를 조정하거나 필요한 시기에 잎을 떨구는 방식으로 광합성 효율을 극대화해 왔다. 봄과 여름에는 잎을 무성하게 펼쳐 햇빛을 더 많이 흡수하고 가을과 겨울에는 광합성이 떨어지는 시기에 낙엽을 통해 에너지 소모를 줄이는 전략을 구사한다.

 나무가 한 해의 계절 변화에 따라 자신을 조절하는 모습은 단순한 풍경을 넘어 나무가 얼마나 치밀하게 진화했는지를 한눈에 보여준다. 광합성이라는 자연의 발명품은 지구 생태계 전체를 움직이는 근본 동력이 되었고 인간 문명의 기반이 되는 산소를 공급해 주고 있다. 식물이 광합성을 통해 배출해 내는 산소가 없다면 인간을 포함한 동물들은 살 수가 없다. 식물은 우리에게 정말 고마운 생명체이다.

극한 환경을 이기는 치밀한 적응 전략

나무가 한곳에 머물며 평생을 보낸다는 사실은 다양한 외부 조건에 그대로 노출된다는 의미이기도 하다. 폭풍우가 몰아치거나 가뭄과 혹독한 추위가 찾아와도 도망칠 수 없으므로 나무는 그 자리에 선 채로 온갖 방법을 동원해 살아남아야 한다. 나무는 가을이 되면 줄기와 뿌리에 당류나 단백질을 축적해 조직이 얼어붙는 것을 막으려고 한다. 이 물질들은 일종의 부동액처럼 작용해 저온에서도 세포 손상을 줄여준다. 눈보라가 거센 지역에 사는 침엽수는 겉껍질을 두껍게 만들고 목질부를 단단하게 하며 스스로를 보호한다.

전나무숲

사막같이 건조한 지역에서는 선인장류 식물들이 잎을 가시 형태로 바꾸고 줄기 안에 물을 저장해 극도로 부족한 수분 상황을 버틴다. 습기가 많고 염분이 높은 해안가나 습지에 사는 식물들은 뿌리에 공기주머니를 마련하거나 염분 흡수를 제한하는 방어막을 갖추고 있다. 열대 우림의 일부 나무들은 버팀뿌리를 뻗어 지면을 단단히 잡아 흔들림이 큰 지반에서도 쓰러지지 않는다. 이처럼 나무들은 오랜 시간에 걸쳐 주어진 환경에 맞춰 자신을 치밀하게 설계하며 지구상의 거의 모든 곳에서 살아남아 왔다.

광합성 생물이 지구에 등장한 때가 약 35억 년 전으로 거슬러 올라간다고 알려져 있다. 동물이 본격적으로 다세포 생물로 발전하기 훨씬 이전부터 식물들은 빛 에너지를 자원 삼아 생존 기반을 만들어 왔다. 이 오랜 시간 축적된 유전자 풀에는 가시를 형성하는 정보와 독성물질을 생산하는 경로, 극한 환경에서 세포를 보호하는 단백질 합성법 등 생존에 필요한 무수한 전략이 저장되어 있다. 선인장이 물을 간직하기 위해 잔가시를 발달시키거나 해안가 식물이 염분을 내보내는 구조를 가지는 것도 결국 이 유전자 정보의 결과다. 바람이나 곤충을 이용해 꽃가루를 옮기거나 열매를 동물 몸에 붙여 멀리 퍼뜨리는 다양한 번식 전략 역시 식물이 지닌 유전자 다양성에서 비롯되었다. 이는 식물이 지구상의 거의 모든 지형에 뿌리를 내릴 수 있는 강력한 원동력이 된다.

최근 연구에 따르면 벼의 유전자 수는 약 4만 개로 인간의 2만 3천 개보다 많다고 알려저 있다. 벼의 유전자 수가 우리 인간의 유진자 수보다 많다는 것은 식물이 환경 변화에 대처하기 위해 우리 인간보다 더 복잡하고 다양한 유선석 시스템을 갖추고 있다는 것을 잘 보여준다. 뼈뿐만 아니다. 이는 식물이 고정된 상태에서 다양한 환경 변화에 대응하기 위해 얼마나 복잡하고 정교한 시스템을 발달시켰는지를 보여주는 증거다.

계절마다 옷을 갈아입는 나무들의 지혜

나무는 움직이지 못하지만 의식주를 마치 한자리에서 해결하는 것 같은 삶을 보여준다. 먼저 나무는 광합성을 통해 스스로 에너지를 생산하고 뿌리로 무기질과 물을 빨아들여 양분을 마련한다. 계절마다 달라지는 잎과 가지 그리고 꽃의 변화를 통해 봄에는 싹이 돋아 연둣빛 옷을 걸치고 여름에는 짙은 녹음으로 몸을 채우며 가을에는 단풍으로 색색의 옷을 갈아입고 겨울에는 낙엽을 떨어뜨려 최소한의 형태로 자신을 유지한다.

이렇게 계절에 따라 옷을 갈아입듯 몸을 조절하는 것은 단지 아름다움을 넘어 기온과 광량에 맞춰 에너지를 효율적으로 쓰는 최적화된 전략이다. 나무는 한곳에 깊이 뿌리를 내려 평생을 살아가면서도 그 과정에서 미생물과 곤충 또 다른 동물들과 관계를 맺고 스스로가 쓰러지거나 썩을 때조차 흙을 기름지게 하며 새로운 생명의 터전이 되게 만든다. 이것이야말로 나무가 실천하는 지속 가능한 삶이라 할 수 있다.

단풍

  독일의 생태학자 페터 볼레벤은 그의 저서 『나무들의 비밀스러운 생활』에서 '나무는 사회적 존재'라고 말했다. 숲에서 나무들은 균근균 네트워크를 통해 서로 영양분과 정보를 주고받으며 마치 하나의 거대한 유기체처럼 협력한다는 것이다. 숲에서 자라는 나무를 보면 왜 이 척박한 땅에 태어났을까 하고 불평하거나 더 나은 곳으로 이동해야겠다고 애를 쓰는 모습을 볼 수 없다. 오히려 그 자리에서 주어진 조건을 있는 그대로 받아들이고 최대한 활용해 살아간다. 이는 삶의 어려움 앞에서 우리가 어떻게 태도를 가져야 하는지를 생각하게 한다.

  조건을 탓하기보다 그 안에서 성장할 길을 찾는 태도가 자연이 전해 주는 메시지일 수 있다. 인간의 눈에는 나무가 가만히 서 있는 것처럼 보이지만 나무는 물과 영양분을 찾기 위해 땅속으로 뿌리를 뻗고 해충이 나타나면 화학물질을 생성해 몸을 지키고 잎을 통해 태양 빛을 놓치지 않으려고 각도를 조절한다. 이처럼 고요해 보이는 움직임 이면에는 치열한 생존의 노력이 늘어 있다.

아스피린부터 피톤치드까지, 식물이 주는 선물

식물들은 동물과 달리 외부 환경에 늘 노출되어 있으므로 스스로를 보호하기 위해 항산화 물질을 다량 생산한다. 녹차에 포함된 카테킨이나 강황의 커큐민, 편백나무의 피톤치드 등은 모두 식물이 병원균이나 자외선, 곤충 같은 위협으로부터 자신을 지키기 위해 만들어 낸 물질이다. 인간이 이를 차나 음식으로 섭취하면 면역력 강화나 노화 방지에 도움을 주므로 우리는 식물이 쌓아 올린 방어 전략의 혜택을 함께 누린다고 볼 수 있다. 인삼이 함유한 사포닌은 병원균이나 해충으로부터 몸을 지키기 위한 물질인데 홍삼으로 가공하면 그 효능이 더욱 극대화되어 인간에게도 여러 이점을 선사한다.

아스피린의 원료가 된 살리실산은 버드나무 껍질에서 발견된 물질이다. 버드나무가 자신을 보호하기 위해 만든 화학물질이 인류의 건강을 지키는 의약품이 된 것이다. 이처럼 식물의 생존 전략은 인간에게도 큰 도움을 주고 있다. 한자리에 뿌리를 내리고 평생을 살아가면서도 수많은 위험에 대응하는 나무의 모습을 보면 우리는 자연 속에서 단련된 적응과 생존의 위대함을 다시금 느낀다. 나무는 움직이지 않는 듯 보이지만 빛을 향해 잎을 펼치고 동료 식물에게 화학 신호를 전하며 해충의 천적을 불러들여 스스로를 지키고 계절마다 옷을 갈아입으며 에너지를 비축한다. 결국 그 모든 과정이 끝나 썩어가는 순간에도 흙을 기름지게 하여 새로운 생명의 출발점이 되는 장엄함까지 보여준다. 이렇듯 나무들은 눈에 보이지 않는 수많은 활동으로 지금 이곳에 완전히 적응해 살아간다.

미국의 시인 로버트 프로스트는 "숲속에는 두 갈래 길이 있었다. 나는 사람이 적게 간 길을 택했고 그것이 모든 것을 바꾸어 놓았다."고 노래했다. 나무들이 보여주는 독특한 생존 방식은 우리에게 새로운 길을 제시한다. 주어진 조건이 불리하더라도 그 안에서 성장할 길을 찾는 태도야말로 자연이 던지는 메시지라고 생각한다. 현대 사회에서 우리는 종종 환경을 탓하고 조건을 바꾸려고만 한다. 하지만 나무들은 주어진 자리에서 최선을 다하며 오히려 그 환경을 자신에게 유리하게 만들어 간다.

숲길

나무의 협력 시스템도 주목할 만하다. 경쟁보다는 상생을 통해 전체 생태계의 건강을 유지한다. 개별 나무의 성공보다는 숲 전체의 번영을 추구하는 나무들의 지혜는 현대 사회의 무한 경쟁 체제에 대한 성찰을 요구한다. 나무는 당장의 이익보다는 수십 년 수백 년을 내다보는 전략을 구사한다. 즉각적인 성과와 빠른 변화를 추구하는 현대인들에게 지속 가능한 발전의 의미를 일깨워 준다.

숲길을 거닐며 마주치는 나무 한 그루가 침묵 속에서 전하는 그 이야기야말로 우리에게 더욱 겸허하고 단단해지는 방법을 알려준다고 믿는다. 식물을 통해 깨닫는 이러한 통찰이 생태계가 지닌 경이로움을 이해하는 데 작은 시작점이 되기를 바란다. 나무들이 한자리에서 펼치는 완벽한 생존 기술은 우리에게 많은 것을 시사한다. 환경에 굴복하지 않고 적응하는 법, 경쟁보다는 협력을 통해 함께 번영하는 법, 그리고 지속 가능한 방식으로 성장하는 법을 나무들은 몸소 보여주고 있다.

인류가 기후 위기와 환경 파괴라는 거대한 도전에 직면한 지금 나무들의 지혜는 더욱 소중하다. 자연과 조화를 이루며 살아가는 방법을 나무들은 이미 수억 년 전부터 실천해 왔기 때문이다. 헨리 데이비드 소로(Henry David Thoreau)는 그의 대표적인 저서인 『월든』에서 "모든 좋은 것들은 야생이며 자유롭다."고 말했다. 문명의 이기에 둘러싸인 현대인들에게 나무가 전하는 메시지는 더욱 절실하다. 한자리에 뿌리 내리고도 무한한 가능성을 펼치는 나무들의 삶이야말로 진정한 자유와 풍요로움의 의미를 보여주고 있다.

6. 숲에서 깨달은 행복과 여유

필요한 만큼만
취한다

"자연은 우리에게 단순함과 만족을 가르쳐 준다. 자연 앞에서 우리는 행복하기 위해 아주 적은 것만 필요하다는 것을 깨닫기 때문이다."

Nature teaches us simplicity and contentment because in its presence we realize we need very little to be happy.

– 마크 콜먼(Mark Coleman)

출근길에 마주치는 지하철역 플랫폼의 풍경을 보면 현대인의 삶이 얼마나 바쁘고 여유가 없는지 실감하게 된다. 대부분의 사람들이 스마트폰 화면에 시선을 고정한 채 끊임없이 스크롤을 내리고 있다. SNS 피드를 확인하고 뉴스를 읽으며 메신저 메시지에 답장을 보내느라 분주하다. 또 집에서 미처 화장을 하지 않고 나왔는지 손거울을 보며 얼굴 단장을 하느라 정신이 없다. 그들의 표정에서는 여유나 평온함을 찾아보기 어렵다. 무언가에 쫓기는 듯한 조급함과 피로가 역력히 드러난다.

이런 모습을 지켜보며 문득 이런 생각이 든다. 우리는 언제부터 이토록 복잡하고 바쁜 삶을 당연하게 받아들이게 되었을까. 더 많은 정보를 얻고 더 많은 사람과 연결되며 더 많은 일을 처리해야 성공한 삶이라고 여기게 된 것일까. 그런데 우리가 찾는 진정한 행복은 어디에 있는 걸까.

헨리 데이비드 소로는 월든 호숫가에서 홀로 살며 자연과 더불어 하는 단순한 삶의 가치를 체험했다. 그는 "나는 숲으로 들어갔다. 삶을 의도적으로 살기 위해서였다. 삶의 본질적인 사실들만을 마주하고 싶었다."고 말했다. 2년여 동안의 숲 생활을 통해 그가 발견한 것은 진정한 행복이 거창한 성취나 많은 소유에 있는 것이 아니라 단순하고 본질적인 것들에 있다는 깨달음이었다. 현대 과학도 소로의 통찰을 뒷받침한다. 일본의 숲 목욕이나 한국의 숲 치유 프로그램들이 주목받는 이유가 여기에 있다. 단순히 숲을 걷는 것만으로도 코르티솔 수치가 감소하고 면역력이 향상되며 우울감이 완화된다는 연구 결과들이 속속 발표되고 있다.

자연은 결코 과시하지 않는다

자연은 우리에게 행복에 대한 근본적인 질문을 던진다. 새들은 아침마다 아름다운 노래를 부르지만 그것이 누군가에게 보여주기 위함은 아니다. 꽃들은 화려한 색깔로 피어나지만 칭찬받기 위해서가 아니다. 나무들은 수십 년을 한자리에서 묵묵히 자라지만 성과를 인정받으려는 욕심은 없다. 그들은 그저 자신의 본성에 따라 자연스럽게 살아갈 뿐이다.

자연은 결코 과시하지 않는다. 산속의 들꽃은 아무도 보지 않는 곳에서도 아름답게 피어난다. 깊은 숲의 나무들은 인간의 시선과 관계없이 자신의 역할을 충실히 해낸다. 이들에게는 남에게 보이기 위한 삶이라는 개념 자체가 존재하지 않는다. 오직 자신의 본성에 충실할 뿐이다. 이런 자연의 모습에서 우리는 교훈을 얻을 수 있다. 바로 불필요한 것들로부터의 해방이다. 현대인들은 너무 많은 것들에 얽매여 살고 있다. 끝없이 쏟아지는 정보의 홍수 속에서 정작 중요한 것이 무엇인지 구분하지 못하고 있다. 소셜 미디어를 통해 타인의 화려한 일상을 엿보며 상대적 박탈감에 시달리고 있다.

남개연과 왜가리

심리학자 팀 캐서는 물질주의적 가치관과 행복도의 관계를 연구한 결과 '더 많은 소유를 추구할수록 오히려 행복감은 감소한다'는 결론을 내렸다. 물질적 풍요가 어느 정도까지는 삶의 질을 향상시키지만 일정 수준을 넘어서면 오히려 스트레스와 불안감을 증가시킨다는 것이다. 이는 지언이 보여주는 필요한 만큼만 취하는 지혜와 정확히 일치하는 연구 결과다.

불과 얼마 전까지도 우리는 스마트폰 없이도 얼마든지 소통하며 살아왔다. 우리가 편리하다고 여기는 최첨단 스마트 기기들로 인해 우리는 너무나 힘들게 살아가는 것이 아닌지 다시금 생각해 본다. 디지털 기기들이 최첨단화되고 기능이 복잡해지면서 우리는 그 기능을 익히는 것이 너무나 힘들다. 또 수없이 울려대는 알림음과 수많은 메시지에 일일이 답장하는 것 또한 너무 번잡스럽다.

자신의 한계를 인정하면 편해진다

자연에서 배울 수 있는 또 다른 교훈은 자신의 한계를 인정하고 존중하는 것이다. 식물들은 자신이 뿌리 내린 환경에서 흡수할 수 있는 물과 영양분의 양에 맞춰 성장한다. 무리하게 더 많은 자원을 요구하거나 자신의 능력을 넘어서는 성장을 시도하지 않는다. 햇빛이 부족하면 그에 맞춰 잎의 크기와 방향을 조절하고 물이 부족하면 뿌리를 더 깊이 내려 효율적으로 수분을 흡수한다.

이와 달리 현대인들은 자신의 한계를 무시하고 무리한 목표를 세우는 경우가 많다. 일과 생활의 균형을 잃은 채 끝없는 성과 경쟁에 매몰되어 번아웃에 시달린다. 신체적 정신적 에너지에는 분명한 한계가 있는데도 이를 인정하지 않고 계속해서 자신을 몰아붙인다. 자연은 또한 느린 변화의 가치를 가르쳐 준다. 나무는 하루아침에 크게 자라지 않는다. 매일 조금씩 뿌리를 내리고 가지를 뻗으며 천천히 성장한다. 급격한 변화보다는 점진적이고 지속적인 발전을 추구한다. 현대 사회는 빠른 성과와 즉각적인 만족을 요구하지만 진정한 성장은 시간이 필요한 과정이다.

낙엽이 가르쳐 주는 나눔과 베풂의 의미

자연의 순환과 나눔의 기쁨은 또 다른 중요한 교훈을 준다. 나무는 광합성을 통해 만든 에너지로 열매를 맺고 그 열매를 동물들과 나눈다. 동물들은 열매를 먹고 씨앗을 다른 곳으로 운반해 새로운 나무가 자랄 수 있도록 돕는다. 낙엽은 땅에 떨어져 썩으면서 토양을 비옥하게 만들어 다른 식물들의 성장을 돕는다. 이처럼 자연은 끊임없는 순환과 나눔의 과정을 통해 전체 생태계의 균형을 유지한다.

가을 단풍

행복 연구의 권위자인 하버드 대학의 로버트 월딩기 교수는 수십 년간 진행된 장기 연구를 통해 '좋은 인간관계가 행복과 건강의 가장 중요한 요소'라는 결론을 내렸다. 돈이나 명예보다는 가족과 친구들과의 따뜻한 관계가 삶의 만족도를 결정하는 핵심 요인이라는 것이다. 이는 자연의 상호의존적 관계와 정확히 일치하는 발견이다. 스웨덴에서는 의사들이 환자들에게 자연 처방전을 내주는 경우가 있다고 한다. 약물 치료와 함께 공원 산책이나 정원 가꾸기 같은 자연 활동을 권하는 것이다. 영국이나 미국에서도 자연환경 체험이나 녹색 처방 제도 등에 관한 연구가 나오고 있다. 이런 자연 기반 치료법들이 우울증과 불안장애 환자들에게 상당한 효과를 보이고 있다는 연구 결과들이 속속 발표되고 있다.

미래를 걱정하지 않는 동물들

자연에서 배우는 지혜 중 하나는 현재에 충실하기다. 동물들은 과거를 후회하거나 미래를 걱정하지 않는다. 지금 이 순간에 집중하며 현재의 필요에 따라 행동한다. 새들은 아침이 되면 먹이를 구하고 저녁이 되면 둥지로 돌아간다. 계절이 바뀌면 그에 맞춰 자연스럽게 적응한다. 내일 무엇을 먹을지 걱정하거나 지난주의 실패를 후회하며 시간을 낭비하지 않는다.

마음 챙김 명상의 창시자 존 카밧진은 "행복은 현재 순간에 완전히 존재할 때 찾아온다."고 말했다. 과거의 후회나 미래의 불안에 사로잡히지 않고 지금 이 순간에 온전히 집중할 때 진정한 평안을 경험할 수 있다는 것이다. 카밧진 박사의 마음 챙김은 스트레스 완화, 정신 건강 증진에 효과가 입증되어 현대 심신의학에서 널리 활용되고 있다. 이는 자연이 보여주는 현재 중심적 삶의 지혜와 일맥상통한다. 거창한 목표나 계획보다는 일상의 작은 순간들을 어떻게 보내느냐가 삶의 질을 결정한다는 의미다. 자연도 매일매일의 작은 변화들이 누적되어 계절의 순환을 만들어 낸다.

작은 실천으로 시작하는 지속가능한 행복

하지만 도시에 살고 있는 현대인들이 언제나 자연과 가까이 지낼 수는 없다. 그렇다면 일상 속에서 자연의 지혜를 어떻게 적용할 수 있을까. 먼저 생활 공간을 단순하게 정리하는 것부터 시작할 수 있다. 불필요한 물건들을 정리하고 꼭 필요한 것들만 남겨 두면 마음도 한결 가벼워진다. 이는 자연의 필요한 만큼만 원칙을 실천하는 방법이다.

인간관계에서도 마찬가지다. 모든 사람과 친밀한 관계를 유지하려고 무리할 필요는 없다. 자신에게 도움이 되고 서로 성장시켜 주는 관계에 집중하는 것이 더 현명하다. 에너지를 소모시키는 독성 관계로부터는 과감히 거리를 두는 용기도 필요하다. 일과 관련해서도 자신의 한계를 인정하고 적절한 휴식을 취하는 것이 중요하다. 무리한 업무량을 처리하려다 번아웃에 빠지는 것보다는 자신의 페이스를 유지하며 지속 가능한 성과를 내는 것이 장기적으로 더 유리하다. 이는 나무가 계절에 맞춰 성장 속도를 조절하는 것과 같은 지혜다.

작은 선행을 통해 나눔의 기쁨을 실천할 수 있다. 거창한 기부나 봉사활동이 아니더라도 일상 속에서 타인에게 친절을 베푸는 것만으로도 행복감을 느낄 수 있다. 엘리베이터에서 문을 잡아 주거나 지하철에서 자리를 양보하는 작은 배려들이 모여 사회 전체의 행복 지수를 높인다. 현재 순간에 집중하는 연습도 중요하다. 식사를 할 때는 음식의 맛과 향을 온전히 느끼고 걸을 때는 발걸음과 호흡에 주의를 기울인다. 스마트폰을 잠시 내려놓고 주변의 소리와 풍경을 의식적으로 관찰해 본다. 이런 작은 실천들이 모여 마음의 평안을 가져다준다.

계절의 변화를 의식적으로 받아들이는 것도 하나의 방법이다. 봄에는 새로운 시작의 에너지를 느끼고 여름에는 풍성한 성장을 경험하며 가을에는 성숙과 수확의 기쁨을 만끽하고 겨울에는 휴식과 내면 성찰의 시간을 갖는다. 이런 순환적 사고는 인생의 다양한 단계를 자연스럽게 받아들이는 데 도움이 된다.

휴식의 중요성도 자연에서 배울 수 있다. 자연은 활동과 휴식의 균형을 완벽하게 유지한다. 겨울의 동면이나 밤의 정적은 다음 활동을 위한 에너지를 충전하는 시간이다. 현대인들은 휴식을 죄악시하고 끊임없이 생산적이어야 한다는 강박에 시달리지만 적절한 휴식이야말로 지속가능한 삶의 필수 요소다. 결국 자연이 가르쳐 주는 행복의 비밀은 복잡하지 않다. 불필요한 것들을 덜어 내고 자신의 한계를 인정하며 현재에 충실하고 타인과 나누는 삶이다. 거창한 성취나 많은 소유가 아니라 일상의 작은 순간들에서 기쁨을 찾는 것이다.

오늘 잠시 시간을 내어 가까운 공원을 걸어 보자. 나무들이 어떻게 자신의 자리에서 묵묵히 성장하고 있는지 새들이 어떻게 자유롭게 노래하는지 꽃들이 어떻게 아무런 조건 없이 아름다움을 선사하는지 관찰해 보자. 그 속에서 우리가 그토록 찾고 있던 행복의 실마리를 발견할 수 있을 것이다. 자연은 결코 거짓말하지 않는다. 우리가 복잡하게 만든 삶의 문제들도 자연의 단순한 원리로 돌아가면 해답을 찾을 수 있다. 필요한 만큼만 취하고 현재에 집중하며 서로 나누는 삶. 이것이 바로 자연이 수억 년 동안 실천해 온 행복의 공식이다.

제4장

진화와 혁신, 쉼 없이 나아간다

**식물의 진화는 끊임없는 혁신의 역사이다.
꽃들은 자신만의 리듬에 맞춰 피어나며
근친결혼을 피하기 위해 치밀한 전략을 구사한다.**

1. 작은 나뭇잎이 기적을 만들어 낸다

무에서 유를
창조하는 나뭇잎

"자연은 결코 자신의 법칙을 어기지 않는다. 가장 작은 잎사귀 하나도 창조주의 무한한 지혜에 대해 많은 것을 말해 준다."

Nature never breaks her own laws. Every smallest leaf speaks volumes about the infinite wisdom of the Creator.

― 『Delphi Complete Works(델피 전집)』, 레오나르도 다빈치(Leonardo da Vinci)

숲속을 거닐며 나무를 관찰할 때 사람들은 주로 화려한 꽃의 색감이나 웅장한 줄기의 두께에 시선을 빼앗긴다. 그러나 숲해설가로 오랫동안 활동하면서 깨닫게 된 중요한 사실이 있다. 우리가 살면서 먹고 마시고 입고 하는 모든 것의 근간에 바로 잎이 있다는 점이다. 잎은 식물이 빛 에너지를 받아 스스로 영양을 만들어 내는 신비로운 장소이며 광합성이라는 생명의 기적이 벌어지는 무대다.

　동물은 다른 생명체를 먹이로 섭취하거나 식물이 만들어 낸 에너지를 섭취해야 이 에너지를 소비함으로써 활동할 수 있다. 하지만 식물은 잎을 통해 무에서 유를 창조하듯 에너지를 직접 생산한다. 만약 잎이 존재하지 않는다면 식물도 존재할 수 없고 이는 곧 지구 생태계 전반에 치명적인 충격을 주게 된다. 독일의 대문호이자 사상가인 괴테는 "자연의 모든 신비가 단 하나의 잎 속에 응축되어 있다."고 언급했다. 괴테는 자신의 저서인『식물변형론』을 통해 '식물의 모든 기관인 꽃잎, 잎, 줄기는 원초적 잎의 다양한 변화 형태'라는 혁신적 개념을 제시했다. 이러한 통찰은 괴테가 자연 전체의 원리를 하나의 잎에서 해독하려 했음을 보여준다. 실로 작은 잎사귀 하나에는 생명 현상의 오묘함과 자연계의 모든 법칙이 압축되어 담겨져 있다.

　숲을 돌아다니다 보면 분명 비슷해 보이는 잎도 자세히 관찰하면 모양이나 촉감 그리고 색에서 조금씩 다르다는 것을 발견하게 된다. 단풍잎은 손바닥처럼 여러 갈래로 갈라지며 은행잎은 부채 모양과 유사한 형태를 띤다. 솔잎은 긴 바늘 모양으로 뻗어 있고 잣나뭇잎도 그와 비슷하지만 미묘한 차이를 보인다. 흥미롭게도 하나의 나무에서도 모든 잎이 같은 모양으로 생기지는 않는다. 생물은 기계 부품처럼 똑같이 찍혀 나오는 것이 아니라 온도나 양분 상태 그리고 주변 환경에 따라 조금씩 달라지기 때문이다. 이런 다양성이야말로 생명체가 가진 놀라운 적응력의 증거다.

가침박달　　　　　　　노각나무　　　　　　　만주 고로쇠나무

일반적으로 잎은 잎몸과 잎자루로 구성된다. 이 가운데 잎자루는 가지와 잎몸을 연결해 주며 길고 부드럽게 발달하여 바람에 흔들릴 때 열을 식힐 수 있는 구조적 이점을 제공한다. 또한 곤충이 올라타면 잎이 흔들리는 방식으로 곤충을 떨어뜨리는 자연스러운 방어 효과도 낳는다. 잎자루가 방향을 조정해 잎몸이 공기와 더 많이 접촉하도록 돕는 것은 광합성에 필요한 이산화탄소를 좀 더 효율적으로 받아들이기 위한 정교한 전략이라고 볼 수 있다.

잎은 에너지를 만들어 내는 화학 공장

잎몸은 식물체에서 광합성 작용이 벌어지는 가장 중요한 공간이다. 잎몸 내부에는 수많은 엽록체들이 조밀하게 분포되어 있으며, 이들은 태양광을 이용하여 수분과 이산화탄소를 영양분으로 변환시키는 동시에 부차적으로 산소를 생산해 낸다. 이렇게 만들어진 산소는 인간을 비롯한 지구상 모든 생명체가 생존하기 위해 반드시 필요로 하는 필수 요소이다.

식물이 크고 튼튼하게 자라기 위해서는 잎몸에서 만들어진 에너지원과 탄소 골격이 절대적으로 필요하다. 하지만 잎몸은 부드럽고 연약한 조직이므로 세균이나 곰팡이 같은 병원성 미생물이 침투하기 쉬운 약점을 안고 있다. 그래서 잎은 지나치게 당분이나 영양소를 축적하지 않으며 초식 동물이 쉽게 먹지 못하도록 다양한 화학물질을 만들어 내기도 한다.

개암나무   목련   나뭇잎

예를 들어 어떤 식물은 독성 성분을 분비해 잎을 파먹으려는 곤충을 내쫓는다. 참나무의 탄닌이나 담배의 니코틴이 대표적인 사례다. 이렇게 잎몸은 빛을 받아들이며 에너지를 만드는 동시에 병원균이나 초식 동물의 공격을 막기 위해 끝없이 분투하는 치열한 전선이라 할 수 있다. 잎에는 기공이라 불리는 작은 통로가 무수히 나 있으며 여기서 이산화탄소를 받아들이고 광합성 후 만들어진 산소를 내보낸다. 동시에 물이 기화 상태로 증발되는 증산 작용도 기공을 통해 일어난다.

식물은 체내의 수분이 너무 많이 사라지면 말라 죽을 위험이 크고 반대로 물 배출을 막기만 하면 온도 조절과 양분 이동에 문제가 생긴다. 이런 딜레

마를 해결하기 위해 식물은 잎 표면에 일정 수준의 방수막을 형성한다. 왁스층이나 큐티클층이 대표적인 사례다. 덕분에 빗방울이 잎 표면에 맺혔다가 또르르 흘러내리는 아름다운 광경이 자주 연출된다.

특히 연잎에서는 물방울이 동그랗게 맺혀 굴러다니는 모습을 볼 수 있으며 이를 '연잎 효과'라 부른다. 연잎의 표면 구조는 미세한 돌기가 나열된 상태라 물방울이 흡수되지 않고 미끄러지도록 만든다. 이는 곰팡이나 병원균이 물방울을 타고 침투하기 어렵게 하는 추가적인 장점도 제공한다. 현대 과학 기술은 이런 연잎 효과를 모방해 자가 청소 기능을 가진 건축 외벽재나 의류 소재를 개발하고 있다. 자연이 수백만 년에 걸쳐 완성한 기술을 인간이 배우고 있는 셈이다.

잎맥은 완벽한 운송 네트워크

잎을 조금 더 자세히 살펴보면 가운데 굵은 주맥이 존재하고 양옆으로 여러 갈래의 측맥이 가지처럼 뻗어 있으며 그보다 더 가는 세맥이 그물망처럼 퍼져 있다. 이 잎맥 구조는 크게 두 가지 중요한 작용을 수행한다.

첫째는 물과 무기질을 공급하는 역할이다. 뿌리에서 흡수된 물이 줄기를 타고 잎맥을 통해 잎몸 구석구석으로 퍼진다. 주맥은 고속도로처럼 빠르게 수분을 운반하고 측맥과 세맥은 지선도로처럼 잎몸 전역에 물을 골고루 분배하다. 둘째는 광합성 산물을 다시 회수하는 것이다. 잎에서 만들어진 당류는 잎맥을 따라 다른 기관으로 이동한다. 세맥이 잎에서 생산된 당류를 먼저 모아들이는 수집 통로라면 측맥과 주맥은 이 당류를 온몸으로 옮기는 주요 운송로다.

잎맥이 물과 양분을 양방향으로 실어 나르기 때문에 식물은 자라면서 필요한 곳에 에너지를 공급받고 남는 자원을 저장하기도 한다. 이런 정교한 시스템은 현대 물류망이나 통신망 설계에도 영감을 주고 있다. 구글의 창립자 래리 페이지는 '자연에서 가장 효율적인 네트워크 구조를 찾을 수 있다'며 잎맥 구조에서 인터넷 검색 알고리즘의 힌트를 얻었다고 밝힌 바 있다. 한 장의 잎이 보여주는 자연의 설계는 인간 산업에도 커다란 시사점을 던진다.

사막 지대에 주로 서식하는 선인장은 보통 가시 형태의 잎을 가지고 그 가시 이외의 두툼한 녹색 몸통에서 광합성을 한다. 사실 이 가시는 원래 잎이 변형된 것으로 증산 작용을 크게 줄이기 위한 진화적 선택이다. 건조한 환경에 적응하려다 보니 선인장은 잎몸을 극도로 작게 바꾸고 줄기를 살찌워 수분을 저장하는 전략을 택했다. 이렇게 잎의 기능을 줄기 쪽으로 옮긴 대표적 사례가 선인장이다. 잎이 넓어야만 광합성을 할 수 있다는 고정 관념을 깨는 놀라운 예시라 할 만하다.

잎의 구조와 기능이 극도로 축소되었어도 줄기와 뿌리가 그 기능을 대신하며 완벽한 생존 전략을 완성한다. 이러한 적응은 식물이 서식지에 맞춰 진화하는 다양한 방식을 잘 보여준다. 찰스 다윈이 말한 '적응하는 자가 살아남는다'는 진화의 원리가 여기서도 확인된다. 실내 환경에서 자주 기르는 스파티필룸은 광택이 감도는 잎을 넓게 펼쳐 효율적으로 광합성을 수행한다. 동시에 잎 표면이 왁스 코팅과 비슷한 느낌을 주어 병원성 미생물이나 먼지를 어느 정도 막아 낸다. 이로 인해 주변 환경이 조금 나빠져도 스파티필룸은 비교적 잘 버티는 편이다.

하지만 잎이 크고 얇은 식물일수록 습도와 온도 변화에 민감해 갈변이나 시드는 현상이 나타날 수 있다. 이는 증산 작용 균형이 깨어지거나 곰팡이가 침투한 결과다. 따라서 잎을 건강하게 돌보려면 물과 빛만 챙기는 데 그치지 않고 병해충 방제와 적절한 습도 유지를 함께 고려해야 한다.

나뭇잎은 모든 생명의 원천이다

더운 날 숲길을 걸을 때 바닥에 이미 낙엽이 수북이 떨어져 있는 광경을 만날 수 있다. 자연 상태에서는 나무가 극심한 온도나 수분 스트레스를 받으면 일부 잎을 빨리 버려서 증산 작용으로 인한 수분 손실을 줄이려 한다. 이처럼 잎은 언젠가 식물에 의해 과감히 포기되는 전략적 소모품 역할도 한다. 낙엽이 썩어 토양에 영양분을 제공하는 일련의 과정은 숲 생태계에서 필수적이다. 사람 눈에는 작은 잎에 불과해도 그것이 생태계 순환 과정에서 차지하는 비중은 매우 크다.

　단풍으로 물들어 아름다움을 선사한 뒤 그 유기물을 흙으로 되돌리는 잎의 순환을 살펴보면 자연이 얼마나 치밀하게 연결되어 있는지 새삼 깨닫게 된다. 인디언 속담에 "땅은 조상에게서 물려받은 것이 아니라 후손에게서 빌려온 것이다."라는 말이 있다. 낙엽의 순환은 바로 이런 지속 가능한 미래를 위한 자연의 지혜를 보여준다.

　최근에는 잎 표면의 발수 기능을 모사한 소재나 코팅 기술도 등장하고 있다. 연잎 효과를 응용한 자가 청소 유리나 물을 튕겨내는 섬유 등이 대표적이다. 잎맥을 닮은 네트워크 구조는 물류나 통신 분야에서 효율적 분산망을 구상하는 데 영감을 준다. 현재 과학자들은 인공 잎을 만들어 광합성을 모방하려는 연구에 매진하고 있다. MIT 대학의 다니엘 노세라 교수는 실제 잎보다 10배 효율적인 인공 잎을 개발해 물을 수소와 산소로 분해하는 데 성공했다. 이런 기술이 발전하면 태양광을 이용한 청정에너지 생산에 혁신을 가져올 수 있다.

또한 나노 기술을 이용해 잎의 기공 구조를 모방한 스마트 소재도 개발되고 있다. 온도나 습도 변화에 따라 자동으로 개폐되는 기공처럼 작동하는 소재는 건축물의 자연 환기 시스템이나 의류 소재에 응용될 전망이다. 지구 온난화가 가속화되면서 식물의 잎이 담당하는 역할이 더욱 중요해지고 있다. 잎은 이산화탄소를 흡수해 산소를 내뿜는 천연 공기정화기 역할을 한다. 한 그루의 성인 나무가 하루에 생산하는 산소는 성인 2명이 하루 동안 필요로 하는 양과 맞먹는다.

도시의 열섬 현상을 완화하는 데도 잎의 역할이 크다. 증산 작용을 통해 주변 온도를 낮추고 미세먼지를 흡착하는 기능까지 수행한다. 서울시 연구에 따르면 가로수 한 그루가 연간 35.7킬로그램의 이산화탄소를 흡수하고 26.5킬로그램의 산소를 생산한다고 한다. 잎 하나를 깊이 들여다보면 이 얇은 조직에 자연의 정교한 설계가 집약되어 있음을 깨닫게 된다. 잎자루는 바람에 흔들려 열을 식히며 초식 동물을 떨쳐내고 잎몸은 광합성을 수행하면서도 병원성 미생물에 맞설 최소한의 방어 체계를 갖춘다. 기공을 통해 가스 교환을 철저히 조절하면서 필요 이상의 수분 손실을 막는 방식도 주목할 만하다.

숲길에 떨어진 낙엽이 하찮아 보일지 몰라도 그 안에는 식물의 필수 기능과 전략이 모두 담겨 있다. 아이들과 숲 체험을 할 때 왜 식물이 스스로 에너지를 만들어야 하는지 이야기해 보면 결국 식물이 없으면 동물도 인간도 버티기 어렵다는 사실로 귀결된다. 광합성과 잎이 지니는 중요성이 이렇게나 크다는 점을 실감하게 된다.

우리는 대체로 화려한 꽃과 크고 달콤한 열매에 시선을 빼앗긴다. 그러나 그 배후에는 수많은 잎이 광합성으로 생명 활동을 뒷받침하고 초식 동물의 공격과 질병에 맞서며 끊임없이 자원을 재분배하는 과정이 숨어 있다. 잎은 겉으로 드러나는 화려함은 적을지 몰라도 식물 생존의 핵심이자 지구 생태계 유지의 중축이라 할 만하다.

어떤 잎은 손바닥처럼 넓고 어떤 잎은 침 모양으로 길게 뻗어 있으며 또 어떤 잎은 가시로 변형되어 존재감을 감춘다. 그럼에도 모든 잎이 공통적으로 잎자루와 잎몸으로 구성되고 잎맥을 통해 물과 양분을 주고받으며 광합성 산물을 식물 전신으로 운반한다는 사실은 변함없다. 작은 나뭇잎 하나에 담긴 생태적 지혜는 결코 적지 않다. 수백만 년 동안 진화하며 쌓은 노하우가 얇은 잎사귀 곳곳에 녹아 있기 때문이다. 서로 다른 형태와 색을 가졌어도 잎이 수행하는 기능과 역할은 지구상의 모든 식물에 있어 필수적이다.

2. 꽃은 자신이 피어날 시간을 선택한다

자신만의 타이밍으로
경쟁한다

"다른 사람들이 탐욕스러울 때 두려워하고, 다른 사람들이 두려워할 때 탐욕스러워하라."
Be fearful when others are greedy, and be greedy when others are fearful.
– 〈버크셔 해서웨이 주주 서한〉, 워런 버핏(Warren Buffett)

 자연의 무대를 세심하게 관찰하면, 이 땅 위의 모든 생명체들은 자신만의 고유한 시계를 품고 살아간다는 진실과 마주하게 된다. 이 신성한 타이밍은 각 생명체들에게는 삶과 죽음을 가르는 결정적 열쇠가 되어 왔다. 곤충이 언제 가장 활발히 날아다니는지 경쟁자가 언제 가장 많아지는지 주변 환경이 어떻게 변화하는지 등을 고려해 최적의 개화 시기를 찾는 것은 꽃들의 오랜 진화 과정에서 축적된 지혜다.

새벽이슬이 맺힌 정원에서 나팔꽃을 만나 본 사람은 그 신비로운 광경을 잊을 수 없을 것이다. 해가 떠오르기 전 혹은 막 떠오를 무렵에 기지개를 켜듯 꽃을 활짝 피우고 햇살이 점점 강해지면 꽃을 말아 버린다. 왜 이렇게 행동할까? 이는 이른 시간에 활동하기 시작하는 벌과 나비 등에게 주목받기 위해서다. 아침 공기는 상대적으로 서늘하고 바람도 약하며 경쟁도 한창 치열해지는 낮 시간대에 비해 적다.

자연계에서 이른 시간의 활동은 특별한 이점을 제공한다. 곤충이 선호하는 밀원을 미리 독차지하겠다는 이 전략은 부지런한 곤충들이 가장 먼저 찾아와 수분을 돕도록 유도하는 데 중요한 역할을 한다. 나팔꽃은 해가 뜨는 순간 꽃이 피기 시작하며 일찍 활동하는 곤충들을 불러들인다. 새벽 시간에는 수분을 위한 경쟁자가 없어 효율성이 높아지기 때문이다. 우리나라 텃새인 참새는 같은 이유로 이른 새벽부터 부지런히 오가며 먹이를 찾는다.

경쟁 없는 시간대를 노린다

하지만 모든 꽃들이 똑같은 개화 전략을 사용하지는 않는다. 붓꽃과에 속하는 대청부채는 꽃이 아름다워 원예 가치가 높은 멸종위기 야생식물로 대청도에서 처음 발견되었다. 낮에 꽃이 피는 대청부채는 흥미로운 개화 전략을 보여준다. 많은 꽃이 오전부터 피어나 곤충들의 관심을 받으려 할 때 대청부채는 오후 3시 무렵 꽃봉오리를 펼쳐 보인다. 이는 주변의 경쟁이 어느 정도 해소된 시점에 본인의 매력을 극대화하려는 계산된 선택이다. 곤충들 입장에서는 이미 오전에 여러 꽃들을 돌아다녔어도 오후 시간에 새로운 자원을 발견하면 또 한 번 열심히 움직일 것이다.

대청부채

나팔꽃

이는 현대 마케팅에서 말하는 '블루오션 전략'과 유사하다. 경쟁이 치열한 레드 오션을 피해 경쟁자가 적은 새로운 시장을 개척하는 것처럼 대청부채는 이 빈틈을 적절히 노려 특화된 수분 전략을 수행하는 셈이다. 밤에 피어나는 달맞이꽃이나 야행성 선인장을 보면 더욱 신비로운 느낌이 든다. 그 특별한 개화 습성에서 이름 붙여진 달맞이꽃은 어둠이 내리고 나서야 노란빛 혹은 흰빛으로 꽃잎을 활짝 펼친다. 한낮의 치열한 경쟁을 피하면서도 야행성 곤충들을 독점적으로 유인할 수 있다는 이점이 있다. 특히 나방과 일부 딱정벌레처럼 밤에만 활동하는 곤충들은 달맞이꽃의 달콤한 향과 빛깔에 끌려 수분에 도움을 주게 된다. 밤 시간대에는 곤충들의 선택지가 훨씬 줄어든다. 달맞이꽃 입장에서는 경쟁 없이 편하게 수분할 수 있다는 강력한 이점을 누릴 수 있다.

야행성 개화 선인장의 대표 격인 '밤의 여왕' 선인장은 셀레니체레우스(Selenicereus grandiflorus)라는 학명으로 불리는 매우 특별한 선인장이다. 중남미 안틸레스 제도를 고향으로 하는 이 '밤의 여왕' 선인장은 1년 중 단 하루 밤에만 거대한 꽃을 피워내고 이튿날 새벽이면 시들어 버린다. 매혹적인 바닐라 향기를 내뿜는 이 선인장은 야행성 박쥐나 박각시나방 같은 특정 동물과 곤충들을 유인하는 매우 독특하고 치밀한 수분 전략을 통해 종족 번영을 도모한다. 이런 생존 전략은 낮에 활동하는 수분 매개체들과의 경쟁을 교묘히 회피하면서 밤에 움직이는 동물들의 생활 리듬에 완벽하게 맞춘 고도로 특화된 수분 메커니즘이라 할 수 있다.

꽃들은 자신에게 유리한 계절을 선택한다

추운 겨울에 꽃을 피우는 식물들의 전략은 더욱 극적이다. 복수초와 설강화 혹은 납매 등은 눈 속에서도 기꺼이 피어난다. 얼어붙은 땅에서 한발 앞서 꽃을 피움으로써 경쟁자가 거의 없는 환경에서 곤충을 쉽게 확보하고 짧은 겨울 일조량에도 수분 과정을 완수해 번식에 나선다. 이른 봄철 날씨가 풀리면서 곤충들이 조금씩 활동을 재개할 무렵 이들 겨울꽃은 이미 자리를 잡고 곤충들을 유혹한다. 이는 현대 경영 이론의 핵심 개념인 '퍼스트 무버 어드밴티지'와 정확히 일치한다. 새로운 시장에 최초로 진출한 기업이 독점적 지위를 확보하듯이, 겨울철 일찍 꽃을 피우는 식물들은 경쟁 식물들이 꽃봉오리도 틔우기 전에 미리 모든 준비를 마쳐 버림으로써 성공적으로 번식을 마칠 수 있다. 결코 무모한 도박이 아닌 치밀한 전략인 것이다.

복수초　　　　　　　　　　겹벚꽃

　봄을 대표하는 벚꽃도 매우 전략적인 타이밍을 보여준다. 벚꽃은 잎보다 꽃을 먼저 피워 잎이 무성해지기 전에 온통 분홍빛 혹은 흰빛으로 매달려 있는 장관을 선사한다. 이른 시기에 피기 때문에 밤낮을 가리지 않고 경쟁자 없이 곤충들을 유혹할 수 있으며 사람들에게도 가장 쉽게 눈에 띈다. 곤충에게 시각적 후각적 신호를 극대화하는 동시에 수분이 끝나면 바로 열매를 키워 여름까지 맺어 떨어뜨림으로써 종자를 멀리 퍼뜨리는 이점도 누린다. 꽃이 많을수록 곤충이 몰리고 곤충이 몰릴수록 더 많은 씨앗을 맺을 수 있으니 윈윈이 되는 계산법이라 할 수 있다.

　여름에 가장 돋보이는 장미는 강렬한 햇빛이 오히려 이롭다는 것을 보여준다. 뜨거운 날씨에 곤충이 활발해지기 때문에 향기가 짙고 색이 선명한 장미는 수분 도움을 쉽게 얻을 수 있다. 게다가 장미는 온도 변화가 큰 시간대에도 오래 버틸 수 있는 튼튼한 구조를 가지고 있어 아침부터 저녁까지 개화를 지속하며 벌과 나비를 비롯한 다양한 곤충을 맞이한다. 즉 여름의 햇빛과

　　　　장미　　　　　　　　　　　　산국

곤충들의 왕성한 활동이 곧 장미에게 최적의 환경이 되어 주는 것이다.

　무더운 여름이 한풀 꺾인 후의 시원한 바람 속에서 국화는 자신의 계절이 왔음을 알리듯 풍성하게 피어난다. 이미 여름꽃들은 대부분 개화를 마치고 결실을 맺을 준비에 들어가고 가을이 되면 곤충 수도 조금 줄어드는 편이긴 하지만 경쟁 상대 역시 동시에 줄어든다. 그 결과 가을꽃인 국화는 적은 수의 곤충과 독점적 관계를 맺을 수 있게 된다. 이처럼 각 꽃은 언제 피우느냐를 둘러싼 치밀한 계산법을 발휘해 번식 과정을 완수하고 있다.

　세계에서 가장 비싼 향신료로 유명한 사프란 크로커스는 붓꽃과의 여러해살이풀이다. 건조된 사프란 향신료 1파운드를 만들기 위해서는 5만~7만 5천 송이의 꽃이 필요하며, 이만큼의 꽃을 재배하려면 축구장 크기의 땅이 요구된다. 15만 송이의 꽃을 따는 데만 40시간가량의 노동력이 투입되어야 할 만큼 생산 과정이 복잡하기 때문에 향신료 가격 또한 매우 고가로 형성된다. 서남아시아가 원산지인 이 식물은 봄에 꽃이 피는 일반 크로커스와 달리 10월에서 11월 가을철에만 꽃을 피워내므로 개화 시기를 놓치지 않는 것이 매우 중요하다. 때를 놓치면 1년간의 생산 기회를 완전히 잃게 되기 때문이다. 이처럼 특정 계절에 정확히 개화하는 특성은 수분을 담당하는 곤충의 활동 시기, 최적의 기후 조건, 그리고 인간의 수확 활동이 정교하게 맞아떨어지는 고도의 생존 전략이라 할 수 있다.

빅토리아 수련의 극적인 개화

남미 아마존강 유역이 원산지인 빅토리아 수련은 2박 3일간 펼쳐지는 더욱 드라마틱한 개화 과정을 선보인다. 빅토리아 수련은 영국의 식물학자 존 린들리가 빅토리아 여왕을 기념하여 지은 이름이다. 세계에서 가장 큰 수련으로 알려진 이 식물은 사람이 올라가도 가라앉지 않을 정도로 크고 아름다운 잎으로 유명하다.

빅토리아 수련은 개화 첫날 밤 순백색 꽃잎을 펼쳐 곤충을 유혹한다. 이때는 암꽃 상태로, 매혹적인 파인애플 향과 함께 크고 따뜻한 공간을 만들어 밤에 활동하는 딱정벌레들을 불러들인다. 딱정벌레가 활짝 열린 꽃 속으로 들어가는 순간 꽃잎을 닫아 다음 날 저녁까지 가두어 둔다. 둘째 날 밤이 되면 꽃잎 색깔을 붉게 바꾸며 수꽃으로 성전환한 뒤 꽃을 오므려 딱정벌레가 자신의 꽃가루를 듬뿍 묻히도록 한다. 이때 꽃에서는 향기가 나지 않는다. 이는 유전적 다양성을 확보하기 위한 고도의 생존 전략이다. 마지막 날에는 가장 화려한 대관식을 마치고 수면 아래로 내려가 열매를 맺는다. 그 장면은 마치 화려한 공연의 피날레와 같다. 빅토리아 수련이 2박 3일간 펼치는 짧은 개화 과정은 자연의 완벽한 설계를 보여주는 걸작이라 할 수 있다.

빅토리아 수련의 2박3일 개화과정

하루짜리 꽃인 무궁화나 원추리는 볼 때마다 그 찰나의 아름다움에 감탄을 자아낸다. 아침에 피었다가 해 질 녘이면 시들고 다음 날 새로운 꽃을 피워내니 개화 시기는 짧아도 개화 기간 전체로 보면 꽤 오랫동안 꽃을 감상할 수 있다. 꽃의 수명이 짧음에도 불구하고 번갈아 가며 계속 새 꽃이 피어나는 전략을 통해 곤충에게 매일 새로운 유인책을 제공하는 셈이다. 무궁화가 우리나라 국화가 된 것도 이러한 끈질긴 생명력 때문이다. '무궁화 삼천리 화려 강산'이라는 애국가 가사처럼 하루는 짧지만 계속 피고 지며 끊임없이 이어지는 개화는 우리 민족의 불굴의 정신을 상징한다.

꽃들이 주는 타이밍의 교훈

이처럼 꽃이 다른 시간대와 다른 계절에 피어나는 이유는 크게 2가지 측면으로 정리할 수 있다.

첫째는 곤충을 비롯해 다른 수분 매개체와의 상호 작용이다. 언제 활동하는 곤충을 불러들일 것인가라는 질문에 대한 답이 다르기 때문에 어떤 꽃은 아침을, 어떤 꽃은 밤을 선택한다. 둘째는 계절별 기후와 주변 환경의 경쟁 상태. 겨울에는 꽃이 거의 없어 경쟁자가 적고 여름에는 곤충이 많아 경쟁자가 많지만 그만큼 수분 기회도 늘어난다. 각 식물은 자신이 가진 자원과 에너지 생존 전략을 조합해 꽃을 피울 최적의 타이밍을 결정하는 것이다.

자연은 서로 다른 존재들이 서로 다른 방식으로 그러나 전체적으로 조화를 이루며 살아가는 거대한 유기체다. 아침에 피는 꽃이 있기에 부지런한 곤충들이 살 수 있고 밤에 피는 꽃이 있기에 야행성 곤충도 삶의 터전을 지속할 수 있다. 동시에 같은 계절에 피어나더라도 조금씩 시간대가 다른 꽃들 덕분에 곤충들은 계속해서 수분 활동을 유지하며 그 대가로 꽃은 번식이라는 보상을 얻는 셈이다. 이 복잡한 생태계의 톱니바퀴가 맞물려 돌아가는 광경은 모두가 똑같이 움직여야만 한다는 우리들의 잘못된 편견을 깨뜨린다.

남들이 똑같은 시점에 달려가는 것이 아니라 자신에게 알맞은 타이밍을 찾고 자신의 장점을 극대화하는 전략을 세우는 것이 오히려 더 큰 성공과 조화로운 공존을 이끌어 낼 수 있다. 워런 버핏이 "다른 사람들이 탐욕스러울 때 두려워하고 다른 사람들이 두려워할 때 탐욕스러워 하라."고 한 투자 철학과도 같은 맥락이다. 남들과 다른 타이밍을 선택하는 것이 때로는 더 큰 기회를 가져다준다. 꽃들이 저마다의 시간표에 따라 개화하는 모습을 지켜보면 우리는 거기서 자연과 생명의 깊은 숨결을 느낄 수 있고 동시에 우리 삶의 태도에도 시사점을 얻게 된다.

'늦어도 너무 늦은 것은 없다'

현대 사회에서 많은 사람들이 획일적인 성공 모델을 따라가려 한다. 같은 시기에 대학에 가고 같은 나이에 취업하며 비슷한 시기에 결혼하고 은퇴하는 것이 정상적인 삶의 패턴으로 여겨진다. 하지만 자연이 보여주는 다양한 개화 시기는 이러한 획일성에 대한 반성을 제공한다. 어떤 사람은 남들보다 일찍 자신의 재능을 발견하고 꽃피울 수 있고 어떤 사람은 늦은 나이에 진정한 자아를 찾을 수도 있다. 중요한 것은 자신만의 타이밍을 찾고 그 순간에 최선을 다하는 것이다.

기업 경영에서도 이러한 타이밍의 중요성은 더욱 부각된다. 애플이 아이폰을 2007년에 출시한 것은 터치스크린 기술과 무선 인터넷 그리고 앱 생태계가 모두 성숙한 완벽한 타이밍이었다. 만약 5년 일찍 출시했다면 기술적 한계로 실패했을 것이고, 5년 늦었다면 다른 경쟁자들에게 시장을 내주었을 것이다. 이는 단순한 우연이 아니라 스티브 잡스가 오랜 기간 시장과 기술의 흐름을 면밀히 관찰하며 기다린 결과였다. 2007년 당시 3G 네트워크가 본격 상용화되었고, 터치스크린 기술이 상업적으로 안정화되었으며,

무엇보다 소비자들이 기존 휴대폰의 한계에 불만을 느끼기 시작한 시점이었다. 애플은 이 모든 조건이 완벽하게 맞아떨어지는 순간을 포착해 혁신적인 제품을 세상에 선보였다.

성공하는 기업들은 마치 식물들이 계절의 변화를 감지하듯 시장의 미묘한 신호들을 읽어낸다. 넷플릭스가 DVD 대여에서 스트리밍으로 전환한 2010년, 테슬라가 전기차 시장에 본격 진출한 2012년, 그리고 줌이 화상회의 서비스를 확장한 2020년은 모두 완벽한 타이밍이었다. 이들은 단순히 좋은 제품을 만든 것이 아니라, 시장이 그 제품을 간절히 원하는 바로 그 순간을 정확히 포착했기 때문에 성공할 수 있었다.

무심코 지나칠 수도 있는 꽃의 개화 시점은 사실 이렇게나 다채롭고 복합적인 이야기를 품고 있다. 계절이 바뀌고 날씨가 달라질 때마다 그리고 해가 뜨고 지는 하루하루의 흐름 속에서도 꽃은 자신의 잠재력을 펼칠 가장 이상적인 순간을 놓치지 않는다. 그리고 그 결과는 결코 단순한 아름다움에 그치지 않는다. 곤충과 새, 그리고 다른 동물들은 이 흐름 속에서 먹을거리와 번식 기회를 얻고 생태계 전체의 흐름이 역동적으로 굴러가게 된다. 때때로 우리는 자연을 단순히 배경 정도로 여길 때가 있다. 그러나 이렇게 꽃이 피는 시간과 곤충이 활동하는 타이밍 그리고 생태계가 작동하는 원리를 조금만 유심히 살펴보면 자연은 무대의 배경이 아니라 무대 자체라는 사실을 깨닫게 된다.

오늘도 숲길을 산책하면서 숲길 주변에서 만나는 한 송이 꽃이 언제 피고 지는지를 눈여겨보는 일만으로도 큰 깨달음을 얻는다. 지금 보고 있는 이 꽃이 왜 지금 이곳에 왜 이 시간에 피었는지 떠올려 보면 자연 속 질서와 조화가 주는 경이로움을 온전히 체감할 수 있다. 모든 꽃들의 시계가 맞물려 돌아가는 덕분에 생태계는 안정과 균형을 유지한다. 아침형 곤충과 밤에만 움직이는 곤충, 봄에 활동하는 벌들과 가을까지 남아 있는 나비들 등 각기 다른 생물이 서로를 보완하며 유기적인 연결 고리를 형성한다. 이처럼 자연은 하나의 거대한 공동체이자 협력 체계이다. 모든 꽃들이 한 계절에만 피어난다면 나머지 계절은 얼마나 삭막할까?

낙우송 열매

자목련

3. 개방할 것인가? 전문화할 것인가?

거대 패밀리 국화과와
난초과 식물

"단지 사는 것만으론 충분하지 않다. … 햇빛과 자유, 그리고 작은 꽃이 있어야 한다."

Just living is not enough. … one must have sunshine, freedom, and a little flower.

– 안데르센 동화 『나비』 한스 크리스찬 안데르센(Hans Christian Andersen)

수십억 년 전 지구의 바다에서 미세한 조류 형태로 삶을 시작한 식물들은 기나긴 세월을 거치며 물 밖으로 나와 육지에 적응했다. 그리고 다양한 계통과 종으로 뻗어나가며 오늘날 우리가 보는 풍성한 식물 세계를 만들어 냈다. 그중에서도 이끼와 양치식물 겉씨식물을 지나 꽃을 피우는 속씨식물로의 도약은 식물 진화사에 있어서 매우 중요한 전환점이었다.

흥미롭게도 현재 자연 생태계를 대표하는 2개의 거대한 식물 무리가 있다. 바로 쌍떡잎식물의 정점이라 일컬어지는 국화과와 외떡잎식물의 정점을 찍은 난초과다. 이 두 식물군은 각각 완전히 다른 생존 전략을 택했다. 꽃이 피는 식물 중에서 국화과와 난초과는 가장 많은 종으로 분화한 거대 패밀리이다.

지구상에 있는 전체 식물 종 가운데 국화과와 난초과는 각각 3만여 종이 넘는 10% 정도씩을 차지하고 있다. 하지만 국화과와 난초과의 전략은 확연히 다르다. 국화과는 문을 활짝 열어 누구든 환영하는 개방적 방식을 선택했고 난초과는 특별한 누군가와 깊고 정교한 관계를 맺는 전문화 전략을 추구했다.

국화과 식물의 개방화 전략

가을이면 산과 들을 누비며 축제를 벌이는 코스모스. 나는 개인적으로 단아하면서도 깨끗하고 화려한 코스모스를 좋아한다. 국화과인 코스모스 꽃은 선명하고 우아하며 가을꽃을 대표하는 꽃으로 사람들에게 사랑을 받고 있다. 사람 키를 훌쩍 넘으며 노란 머리를 흔드는 해바라기나 다양한 꽃 색깔을 뽐내는 구절초와 쑥부쟁이까지 모두 국화과에 속한다. 이들은 겉보기에 하나의 커다란 꽃처럼 보여도 사실은 수많은 작은 꽃들이 빼곡히 모여 있는 복합화서라는 독특한 구조를 지닌다.

해바라기를 자세히 들여다보면 지혜가 두드러진다. 중심부에 씨앗이 맺히는 부분에는 대롱처럼 생긴 관상화가 밀집해 있고 바깥쪽 둘레를 장식하는 화려한 설상화는 하나의 커다란 꽃잎처럼 벌어져 있지만 사실 각각이 별개의 꽃이다. 이러한 구조는 마치 거대한 활주로를 만들어 다양한 곤충들을 한꺼번에 맞이할 수 있게 해 준다.

해바라기

국화과가 주목받는 이유는 바로 '다양한 매개곤충을 언제든 환영한다'는 개방적 전략에 있다. 벌과 나비 나방 등에 등 여러 곤충들을 한데 끌어들이는 이 방식은 매우 실용적이다. 특수한 한 종의 곤충에만 지나치게 의존하지 않으므로 매개곤충의 개체 수가 일시적으로 줄더라도 비교적 안정적인 번식을 이어 간다. 게다가 꽃이 피어나는 순서가 바깥에서부터 안쪽으로 점진적으로 진행되기에 전체 개화 기간이 길어져 더 오랫동안 매개자와 만날 기회를 확보한다.

실제로 해바라기가 있는 밭이나 정원에 가 보면 그 인기를 실감할 수 있다. 꿀벌은 물론이고 등에 같은 곤충까지 모여드는 모습을 쉽게 목격할 수 있다. 국화과 특유의 벌판처럼 넓게 열린 착륙장 덕분에 곤충들은 쉽고 편안하게 꽃가루를 옮기고 식물 입장에서는 상호 교류를 통해 풍부한 후손을 퍼뜨릴 수 있다.

구절초 금계국

에키네시아 국화

난초과 식물의 위험한 공진화 게임

반면 난초과 식물은 훨씬 정교하고 독특한 번식 전략을 보여준다. 하지만 그만큼 여러 위험 요소도 안고 있다. 난초라는 이름을 들으면 고풍스럽고 우아하며 귀한 식물이라는 인식이 강하다. 실제로 난초과에는 3만여 종이 넘는 식물들이 포함되며 전 세계에 걸쳐 폭넓게 분포하지만 동시에 특정 서식지에만 드물게 분포하는 희귀종도 무수히 많다.

난초과 식물이 진화한 가장 극적인 특징 중 하나는 특정 매개곤충과의 공진화다. 어떤 난초는 꽃에 직접 꿀을 만들어 곤충을 유혹하지만 또 다른 난초는 아예 꽃꿀이 없는 상태로 곤충을 속이는 전략을 택하기도 한다. 유럽과 지중해 지역에 자생하는 꿀벌난초는 꽃잎이 암벌의 몸체 모양을 닮았고 향기마저 암벌의 페로몬과 유사하게 만들어서 수벌이 교미하려 달려드는 순간 꽃가루를 몸에 묻혀 다른 꽃으로 옮겨가게 한다.

이렇듯 난초들은 효율을 높이기 위해 곤충의 행동 양식을 정교하게 파고들어 왔다. 하지만 오히려 한 종의 매개곤충에 지나치게 의존하게 된다는 함정에 빠졌다. 공진화 상대인 곤충 개체 수가 줄거나 서식지가 파괴되면 난초 입장에서는 사실상 번식 통로가 막혀 버리기 때문이다. 이런 번식 전략은 당연히 유전자 다양성 확보에도 영향을 미친다. 매개자와의 만남이 한 번 어긋나면 종자를 맺지 못하는 경우가 빈번하게 생길 수 있다.

난초과 식물은 꽃의 구조도 매우 특별하다. 일반적인 꽃들은 상하좌우로 대칭 혹은 방사 대칭을 이루는 경우가 많지만 난초의 꽃은 주로 좌우 대칭이다. 거기에 난초는 꽃잎과 꽃받침 조각이 각각 3개씩 구성되는데 그중 한 꽃잎인 순판이 특히 크고 독특한 모양을 띤다. 이 부분이 마치 곤충의 활주로 같아서 매개자가 착륙하기 쉽도록 만들어 준다.

문주란　　　　　　　자란　　　　　　　카틀레야

난초의 씨앗은 먼지처럼 가볍고 매우 작아서 영양분을 거의 품고 있지 않다. 이로 인해 포자가 싹트려면 반드시 땅속 균사체인 특정 균류의 도움을 받아야 한다. 즉 씨앗 스스로 양분을 가진 채 발아하는 여타 식물과 달리 난초는 발아 단계부터 다른 생물체와의 미묘한 공존이 필수다. 이는 자연 상태에서 난초의 생존이 까다로운 이유이기도 하다.

현대에 들어와서는 희귀 난초를 보호하고 인공적으로 번식시키려는 시도가 활발해졌다. 특히 조직배양기술을 통해 모체의 일부를 떼어 실험실에서 무균 상태로 키워 새로운 개체를 대량으로 얻는 방식이 주목받고 있다. 실제로 춘란 같은 아름다운 동양란들을 상업적으로 재배할 때 이 조직배양 기법이 대규모로 쓰인다. 문제는 실험실에서 아무리 건강하게 자라도 결국 자연환경으로 옮겨 심는 순간부터 세균이나 바이러스 곰팡이 공격을 받을 수 있다는 데 있다. 게다가 이미 난초가 자생하는 지역에는 같은 종의 난초들이 지닌 병원체가 흔히 퍼져 있을 가능성이 높다. 이렇게 번식 경로가 제한되고 생육 환경이 까다롭기에 난초는 귀하다는 인식이 더욱 강하게 자리 잡게 되었다.

늦여름 산골짜기를 산책하던 중 우연히 두 식물군의 차이를 실감한 적이 있다. 어느 한쪽은 해가 잘 드는 곳으로 훤히 열려 있었고 다른 한쪽은 바위와 나무 그늘이 어우러진 습한 지형이었다. 해가 잘 드는 쪽에는 개망초와 쑥부쟁이 구절초가 한창 꽃을 피우고 있었고 좀 더 그늘진 곳을 살펴보니 참꽃난초가 시들어 가고 있는 모습이 보였다. 국화과 꽃들에는 나비와 벌 등에 등 다양한 곤충이 분주히 오갔지만 참꽃난초 주위에는 곤충 방문이 크게 눈에 띄지 않았다. 이미 개화 시기가 거의 지나서인지 꽃은 말라가고 있었고 몇몇 작은 날벌레만 어슬렁거렸다. 그 순간 국화과와 난초과가 가진 번식 전략의 차이가 실감이 났다.

아름다움 뒤에 숨은 위태로운 진화

난초는 오래전부터 그 고고한 자태와 은은한 향으로 동양 문화권에서 깊이 사랑받아 왔다. 우리나라에서도 사군자에 매화와 난초 국화 대나무를 꼽는데 그중 난초는 '깊은 산골짜기에서도 남몰래 향기를 풍긴다'라는 상징성으로 군자적 기개를 나타낸다고 여겨졌다. 난초는 꽃이 필 때 잎이 힘께 나고 향기까지 더해지니 매화나 국화가 갖지 못한 완벽함을 지닌다는 시각도 있다. 실제로 동양란의 잎은 살짝 휘이진 호를 그리며 꽃 색상은 자주색과 녹색 흰색 등 다양해 눈과 코를 모두 즐겁게 해 준다. 그런 청초함과 기품 때문인지 난초는 다른 식물보다도 귀히 여겨져 오래도록 수집 대상이 되기도 했다.

그러나 이런 아름다움 뒤에는 자연에서 살아남기 위한 치열한 조건이 숨어 있다. 향기가 없는 난초들은 오히려 꿀 있는 난초를 흉내 내거나 벌을 모사하는 전략으로 생존을 모색한다. 병충해에도 취약하고 서식 환경이 조금만 바뀌어도 절멸 위기에 직면하기 쉬운 만큼 우리가 부르는 난초의 기품은 거꾸로 말하면 그만큼의 위태로운 진화 전략을 견뎌온 증거이기도 하다.

국화과 식물과 난초과 식물은 한쪽은 다수의 매개곤충을 유인하는 개방적 진화 다른 쪽은 특정 종의 곤충과 정교하게 맞춘 공진화라는 대조적인 노선을 걷고 있다. 국화과는 여러 곤충을 한 번에 불러들이고 어디서든 접근하기 쉬운 구조를 택한 덕분에 폭넓은 환경에서 번성할 수 있었다. 국화과 중 한 종인 민들레만 봐도 시골 밭둑부터 도시의 인도 옆 작은 틈새까지 가리지 않고 자리 잡을 만큼 왕성한 번식력과 적응력을 자랑한다. 반면 난초과 식물은 뛰어난 미적 가치와 함께 독특한 생태적 특성을 이어 가지만 번식상의 제약이 커서 희귀하고 제한된 공간에 머무는 경우가 많다.

애플과 삼성에서 발견하는 식물의 전략

흥미롭게도 이는 비단 식물 세계에만 해당하는 이야기가 아니다. 인간의 삶과 사회를 돌아봐도 난초처럼 정밀한 목표를 향해 좁고 깊은 교류를 맺는 사람이 있는가 하면 국화과처럼 광범위한 인맥과 개방적 태도로 소통하며 살아가는 사람도 있다. 스티브 잡스는 '혁신은 천 가지 것을 거절하는 것'이라며 난초적 전문화를 추구했지만 빌 게이츠는 '협력이야말로 성공의 열쇠'라며 개방적 네트워크를 중시했다.

현대 기업들 중에서도 애플은 난초과 전략의 대표주자다. 제한된 제품군으로 특정 고객층과 깊은 관계를 맺으며 프리미엄 가치를 창출한다. 반면 삼성이나 구글은 국화과 전략을 구사한다. 다양한 제품과 서비스로 광범위한 고객층을 아우르며 규모의 경제를 추구한다. 두 전략 모두 성공할 수 있지만 각각 다른 위험과 기회를 안고 있다.

시대와 환경이 빠르게 변하는 요즘 개방적 생존전략과 특화된 공진화 중 어느 쪽이 더 지속가능할지 단언하기란 쉽지 않다. 다만 국화과가 그렇듯 여러 매개자를 받아들이고 긴 개화 기간을 통해 기회를 확장하는 태도는 변화의 물결 속에서 어느 정도 안정성을 가져다줄 가능성이 높아 보인다. 반면 난초가 추구해 온 깊고 섬세한 관계 역시 다른 누구도 흉내 낼 수 없는 아름다움과 유니크함을 만들어 냈으니 그것이 지닌 매력도 결코 무시할 수 없다.

넓은 들판에서 무수한 곤충을 맞이하며 수많은 후손을 퍼뜨리는 해바라기와 특정 시기에 특정 곤충을 위한 정교한 장치로 아름다운 꽃을 피우는 난초를 바라볼 때 우리는 각각의 삶의 방식에 대한 철학적 물음을 품게 된다. 난초처럼 나에게 꼭 맞는 협소한 환경을 지키며 우아하게 살 것인가 아니면 해바라기처럼 개방적이고 역동적인 환경에서 다양한 소통을 즐길 것인가.

이 질문에 대한 답은 여전히 개인과 상황에 따라 다를 것이다. 그러나 식물들이 오랜 진화를 통해 보여주는 풍부한 사례를 곱씹다 보면 우리가 삶을 대하는 방식을 좀 더 깊이 생각하게 된다. 중요한 것은 자신의 선택이 어떤 전략에 기반하고 있는지 명확히 인식하고 그에 따른 책임과 결과를 받아들이는 용기를 갖는 것이다.

데이지와 개양귀비

4. 혁신하지 않으면 도태된다

식물의 진화는
끊임없는 혁신의 역사

"변화 없이는 진보가 불가능하며, 마음을 바꿀 수 없는 자는 아무 것도 바꿀 수 없다."

Progress is impossible without change, and those who cannot change their minds cannot change anything.

- 조지 버나드 쇼(George Bernard Shaw)

최근 들어 주변에서 혁신과 변화라는 말을 자주 듣게 된다. 기업에서도 정치권에서도 심지어 개인의 삶 속에서도 혁신과 변화를 이야기한다. 실제로 끊임없는 혁신의 필요성을 여러 사례를 통해 쉽게 목격한다. 변화에 적응하지 못한 채 정상에서 멀어진 기업들의 사례와 매일 새로운 도전을 멈추지 않는 운동선수들의 모습은 모두 혁신이라는 보편적 진리를 새삼스레 증명한다.

프로 스포츠 세계는 한순간의 게으름도 허용하지 않는다. 세계 정상의 자리를 유지하기 위해서는 매일 매 순간 혁신과 연습에 몰두해야 한다. 골프계의 전설적인 선수들을 보면 이러한 진리가 더욱 명확해진다. 타이거 우즈는 "나는 매일 조금씩 나아지려고 노력한다."고 말했으며 실제로 그는 끊임없는 자기 계발을 통해 골프 역사를 새로 썼다. 한국의 여자 프로 골프계에서도 이러한 철학을 실천하는 선수들이 있다. 프로 통산 66번이나 우승을 차지한 신지애 선수는 매일 20층 아파트를 7번씩 오르내리고, 연습장 모래 더미를 아이언으로 수십 번씩 내리치며 손이 울퉁불퉁해질 때까지 반복하는 등 혹독한 자기 훈련을 한 것으로 유명하다. 세계 무대에서 활약하는 유명 프로선수들은 하루라도 연습하지 않으면 감각이 둔해진다는 사실을 누구보다 잘 알고 있다.

이들의 성공 스토리는 우리에게 '안주하면 도태된다'는 냉혹한 현실을 일깨워 준다. 스포츠뿐만 아니라 우리 사회 전반에 걸쳐 혁신 없는 성공은 결코 지속될 수 없다는 점은 분명하다. 마이클 조던이 '나는 경기에서 9,000번 이상 슛을 실패했고 300번의 경기에서 졌다'고 고백했듯이 실패를 두려워하지 않고 끊임없이 도전하는 자세가 바로 혁신의 본질이다.

변하지 않으면 언젠가는 몰락한다

기업 경쟁 또한 스포츠 경기만큼이나 치열하다. 특히 IT와 디지털 기술이 빠르게 변화하는 현시대에서는 1년이 6개월로 느껴질 정도로 새로운 기술이 속속 등장한다. 이러한 변화의 물결에 한순간이라도 뒤처지면 시장에서 밀려나기 쉽다. 한때 전 세계 휴대폰 시장을 주도하며 혁신의 상징으로 자리매김했던 핀란드의 글로벌 기업인 노키아는 스마트폰이라는 새로운 패러다임에 적응하지 못해 급격히 시장에서 밀려났다. 마찬가지로 필름 사업의 거인이었던 코닥은 디지털카메라와 스마트폰 시대의 도래를 예견하지 못했고 결국 새로운 시장 변화에 뒤처지며 파산 위기를 맞았다.

이 두 기업의 사례는 '변화는 선택이 아닌 생존의 조건'임을 단적으로 보여준다. 기업들이 혁신을 통해 새로운 시장을 개척하고 적응하지 않는다면 아무리 과거의 영광이 빛났더라도 도태될 수밖에 없다는 사실은 역사가 증명하고 있다. 앤드루 그로브 전 인텔 회장이 그의 경영 철학을 담은 저서 『Only the Paranoid Survive』에서 '편집증적일 정도로 경계하는 자만이 살아남는다'고 했다. 이처럼 끊임없는 위기의식과 혁신 의지가 기업 생존의 핵심이다.

오늘날의 기업 환경은 자연생태계와 전혀 다르지 않다. 끊임없는 변화와 경쟁 속에서 살아남기 위해서는 언제나 새로운 시도를 하고 과감한 변화를 수용해야 한다. 이러한 혁신의 흐름은 기업뿐만 아니라 우리 사회 전반에 걸쳐 끊임없는 도전의 필요성을 일깨워 준다.

살아남기 위한 식물의 진화

자연계에서 혁신과 변화는 생명의 근본적인 특성이자 생존의 전략이다. 지구상에 육상 식물이 나타난 것은 약 4억 5천만 년 전 원시 바다에서 서식하던 녹조류가 처음 육지에 상륙하면서 시작되었다. 그 첫 주인공은 바로 이끼류였다. 이끼류는 아직 물관과 체관 같은 관다발 조직을 갖추지 못한 원시적인 생물이었지만 세포 내에 물을 대량 저장하며 최소한의 광합성으로 생명을 이어 갔다. 이끼는 비록 겉보기에는 소박해 보이지만 홍수를 막고 가뭄을 견디며 토양 형성에 기여하는 등 생태계에서 중요한 역할을 수행해 왔다.

양치식물 : 고비

이어서 약 3억 8천만 년 전 최초의 나무라 할 수 있는 양치식물이 등장하면서 식물계는 본격적인 변화를 맞이한다. 그러나 양치식물은 물 근처에서만 생존할 수 있는 한계를 지니고 있었다. 이 한계를 극복하기 위해 수천만 년이 지난 후 양치식물에 도전하는 새로운 식물들이 나타났는데 바로 겉씨식물이다. 겉씨식물은 씨앗이라는 혁신적인 생식 방식을 통해 물의 한계를 극복하고 다양한 환경에 적응할 수 있는 능력을 획득했다. 소나무와 같은 침엽수들이 대표적인 겉씨식물로 이들은 건조한 환경에서도 생존할 수 있는 강인함을 보여주었다.

겉씨식물 : 소나무, 전나무, 구상나무

속씨식물이 꽃을 만들어 낸 혁신

하지만 겉씨식물의 성공도 영원하지 않았다. 약 1억 4천만 년 전쯤 등장한 속씨식물은 기존의 겉씨식물이 지닌 한계를 뛰어넘는 혁신을 선보였다. 속씨식물은 씨앗을 보호하는 씨방이라는 안전한 캡슐을 개발해 발아율을 획기적으로 높였을 뿐 아니라 잘 익은 과육을 통해 동물들에게 씨앗을 퍼뜨리는 새로운 생태 전략을 구사했다. 그 결과 속씨식물은 현재까지 지구의 주인공으로 번성하며 오늘날 우리가 익히 알고 있는 다양한 꽃과 과일 그리고 농작물의 기초를 마련하게 되었다.

속씨식물 : 연꽃, 무궁화, 작약

찰스 다윈은 "진화는 결코 우연이 아니다."라고 말했다. 식물의 변화는 철저히 생존을 위한 전략이었으며 이러한 혁신이 오늘날 우리가 마주하는 풍부한 생물다양성의 기초가 되었다. 이처럼 식물은 수억 년의 세월 동안 끊임없는 혁신을 통해 환경의 변화와 경쟁에 대응해 왔다. 각각의 진화 단계는 이전 단계의 한계를 극복하고 새로운 가능성을 열어 가는 혁신의 연속이었다.

오늘날 지구는 급격한 기후 변화와 지구 온난화라는 전례 없는 위기를 맞이하고 있다. 학자들은 현재 지구가 또 한 번의 대멸종기에 진입했다고 경고한다. 이러한 변화의 한가운데서 식물들은 오랜 시간 축적된 혁신의 유산을 바탕으로 새로운 환경에 적응하고 있다. 그러나 변화의 속도가 너무 빨라져서 식물들조차도 때때로 당황할 수밖에 없는 현실이다. 기후 온난화로 인해 늦가을에도 봄꽃이 피어 있는 현상은 단순한 아름다움 이상의 문제를 내포하고 있다. 전통적으로 일정한 개화 시기를 지키던 꽃들이 기후 변화로 인해 일찍 피어나면 이들과 수분 활동을 담당하는 벌이나 나비 등의 생물들이 서로 시차를 맞추지 못해 생태계 전체의 균형이 깨질 위험이 높아진다.

멈추면 살아남지 못한다

자연계의 혁신과 스포츠에서의 끊임없는 도전 그리고 기업 세계의 성공과 실패 사례는 모두 1가지 공통된 메시지를 전한다. 그것은 바로 혁신 없이는 생존도 발전도 없다는 것이다. 토머스 에디슨은 "나는 실패한 적이 없다. 나는 단지 작동하지 않는 1만 가지 방법을 발견했을 뿐이다."라고 말했다. 이 말은 단순한 발언을 넘어 끊임없는 시도와 도전 그리고 실패를 두려워하지 않는 정신이야말로 혁신의 원동력임을 상징한다. 오늘날 우리가 마주하는 다양한 사회적 경제적 도전 역시 이러한 자세로 극복할 수 있을 것이다.

식물의 혁신은 인간 사회에도 여러 가지 귀중한 교훈을 준다. 환경 변화에 민첩하게 대응하고 기존의 틀에 얽매이지 않는 사고방식은 오늘날 급변하는 디지털 시대에 더욱 요구되는 덕목이다. 기업들이 새로운 기술과 시장 변화에 신속하게 적응해야 하는 것처럼 개인과 사회 또한 끊임없이 자기 자신을 혁신해 나가야 한다. 미국 포드자동차 창립자인 헨리 포드는 "변화는 두려움의 대상이 아니라 성장의 기회다."라고 했다. 우리는 변화 속에서 스스로의 발전 가능성을 발견할 수 있다. 변화를 받아들이고 그 속에서 새로운 기회를 찾는 자세야말로 미래를 준비하는 핵심이다.

식물의 혁신 과정은 우리에게 지속가능성의 가치를 일깨워 준다. 인간이 아무리 발전하고 기술이 눈부시게 발전한다고 하더라도 기후 변화와 환경 파괴라는 거대한 도전 앞에서는 우리 모두가 취약할 수밖에 없다. 반면 수억 년 동안 생태계에서 살아남은 식물들은 끊임없는 변화와 적응을 통해 생명의 본질을 지켜왔다. 식물의 혁신 변화는 항상 진행형이다. 이는 단순한 생물학적 현상을 넘어 우리 사회의 모든 영역에 깊은 영향을 미치는 보편적 진리이다. 스포츠계의 선수들처럼 하루 한순간의 연습과 도전을 멈추지 않는다면 우리는 어느새 경쟁에서 밀려나게 될 것이다.

글로벌기업 노키아와 코닥의 사례에서 보듯 과거의 성공에 안주하면 미래의 변화에 적응하지 못하고 도태될 위험이 있다. 자연은 수억 년의 세월 동안 끊임없는 변화와 적응을 통해 그 생명력을 유지해 왔다. 이러한 자연의 본질은 오늘날 우리가 마주하는 다양한 위기와 도전 속에서도 변함없는 지침이 된다. 미래를 준비하는 데 있어 혁신과 도전 그리고 지속적인 적응은 선택이 아닌 필수 조건이다.

오늘날 우리가 직면한 기후 변화와 기술혁신 사회적 변화의 물결 속에서 과거의 영광에 안주하는 태도는 오히려 치명적일 뿐이다. 혁신은 때로 고통스럽고 도전은 때로 위험을 동반하지만 그것이야말로 미래를 여는 열쇠임을 우리는 명심해야 한다. 인간이나 동물이 언젠가는 멸종할지라도 식물은 끊임없는 변화와 적응을 통해 그 자리를 지켜왔듯 우리도 변화의 흐름 속에서 스스로를 재발견하고 발전시켜 나가야 한다. 그리하여 우리가 맞이할 미래는 오늘의 작은 도전과 혁신이 쌓여 이루어진 거대한 전환점이 될 것이다.

혁신은 단지 새로운 기술이나 아이디어의 도입만을 의미하는 것이 아니다. 그것은 삶의 모든 영역에서 지속적인 성장과 변화에 대한 열린 마음을 뜻한다. 우리가 자연에서 배울 수 있는 가장 큰 교훈은 변화가 멈추지 않는 한 생명도 멈추지 않는다는 사실이다.

이팝나무

5. 식물도 근친결혼을 피한다

유전적 다양성을 위한
치밀한 계획

"자연은 우리를 위해 날마다 무한한 아름다움의 그림을 그리고 있다."
Nature is painting for us, day after day, pictures of infinite beauty.

– 존 러스킨(John Ruskin)

꽃이 피어나는 광경은 사람들의 눈을 즐겁게 하지만, 사실 꽃은 속씨식물이 다음 세대를 잇기 위해 마련한 섬세한 생식 기관이다. 꽃봉오리가 열리고 화려한 색과 모양을 드러내는 과정은 곤충이나 작은 동물, 심지어 바람을 비롯한 자연적 요인에까지 의존하면서 이뤄진다. 식물에게 가장 중요한 목표는 유전자 다양성을 가진 건강한 후손을 남기는 것이며, 이를 위해 꽃은 수많은 방식을 발전시켜 왔다.

꽃가루받이(수분)는 이 과정의 핵심이다. 크게 보면 바람이나 곤충을 통해 암술에 꽃가루가 옮겨지는 일이지만 그 방법은 생각보다 훨씬 교묘하고 복합적이다. 꽃들은 아름다운 색깔과 향기로 곤충을 유혹한다. 특히나 근친결혼에 따른 유전적 취약성을 피하기 위해 식물들은 오랜 진화 과정을 거치며 자신만의 독특한 수분 전략을 마련해 왔다. 대부분의 꽃은 수분 매개자와 상호 이익을 주고받는다. 곤충이나 벌새, 박쥐 등은 꽃에서 꿀이나 꽃가루를 얻고 그 과정에서 꽃가루를 다른 꽃으로 옮겨 준다.

곤충을 유혹하고 가두는 식물들의 비밀

하지만 식물이 반드시 보상을 제공하지는 않는다. 어떤 식물들은 곤충을 속이고 심지어 가둬 버리는 방법까지 동원한다. 난초과의 광릉요강꽃은 우리나라 멸종위기 야생생물 1급인 희귀한 식물이다. 이 꽃은 곤충을 유인하는 강한 향기를 풍기고 마치 요강 같은 주머니 속으로 벌이나 곤충을 유도한다. 곤충이 그 안에 빠지면 식물은 재빨리 빠져나오지 못하게 한 뒤 탈출하려고 허덕이는 곤충에게 자기 꽃가루를 묻힌다. 결국 곤충이 무사히 도망칠 때쯤에는 이미 꽃가루를 운반할 준비가 완료되는 것이다. 이 전략은 꽃이 꿀 등의 보상을 제공하지 않는 대신 곤충을 속여 수분을 유도하는 고도의 전략이다.

식물 쪽에서 보면 근친결혼을 막기 위해 먼 거리에 있는 다른 개체로 꽃가루를 보내야 하는데 그 목적을 위해 곤충을 철저히 이용하는 셈이다. 꽃가루받이를 마친 식물은 다음 단계를 준비한다. 꽃을 유지하는 데에 소모되는 에너지를 아끼고, 열매를 키우는 데 집중한다. 꽃의 임무는 사실상 열매와 씨앗을 만드는 데에 집중되어 있다. 꽃이 시들면 모든 것이 끝나 버리는 듯하지만 실제로는 그 시든 꽃이 남긴 씨앗을 통해 또 다른 생명이 시작된다.

가을 무렵 바람에 날아가는 민들레 씨앗을 보며 아이들이 호기심을 느끼듯 자연은 씨앗이 멀리 퍼지도록 온갖 수단을 동원한다. 바람을 타고 날아가거나 동물의 몸에 달라붙어 이동하는 방법도 있고 물을 통해 떠나가는 종자도 있다. 인간이 보기에는 그저 흔한 장면이지만 식물 입장에서는 각기 다른 시나리오로 자손을 퍼뜨리고 근친결혼에 따르는 위험을 줄이는 엄연한 생존 전략이다.

사실 근친결혼을 피하는 건 비단 사람과 일부 동물의 세계만의 일이 아니다. 적잖은 동물들도 가까운 혈족끼리 번식을 피하고자 애쓴다. 유전적으로 다채로운 후손을 얻기 위해 서로 다른 무리나 개체를 찾아 짝짓기를 시도하는 경우가 많다. 그렇지 않으면 열성인자가 누적되고 결국 종 전체가 멸종 위기에 놓이기도 한다.

이러한 위험은 식물 세계도 마찬가지다. 자가수분이나 근친교배에 의존하게 되면 특정한 환경 변화나 기후 위기에 취약해진다. 작은 병원균에도 강한 면역력을 지닌 개체가 나타나기 힘들고 한 번 역병이 퍼지면 한 종 전체가 멸종될 수도 있다. 따라서 웬만한 식물들은 서로 다른 개체로 꽃가루가 옮겨지도록 정교한 장치를 마련해 왔다.

시간차로 자가수분을 막는 식물들

식물들은 대체로 자기 자신과의 자가수분을 피하기 위해 여러 장치를 갖추고 있다. 예를 들어 도라지는 수술이 먼저 익어 꽃가루를 배출하고 시간이 지난 뒤 암술이 성숙하는 독특한 순서를 취한다. 이러한 시간차로 인해 같은 꽃 안에서 스스로 수정될 가능성은 극히 낮아진다. 실제로 도라지꽃을 유심히 살펴보면 암술이 꽃 가운데에서 길게 뻗어 나오기 시작할 무렵에는 수술이 이미 시들거나 말라 버려 자신의 꽃가루를 더 이상 공급하지 못한다.

이른 봄 가장 먼저 꽃이 피는 복수초 역시 암술과 수술의 성숙 시기를 달리하면서 자기 꽃가루가 암술에 닿는 일을 막는다. 복수초는 곤충들이 많이 나오지 않는 이른 봄에 꽃을 피워 밝은 노란색과 향기로 곤충을 불러들인다. 복수초 역시 수술이 먼저 성숙한다. 그것도 수술 가운데 가장 바깥에 있는 수술이 먼저 성숙하고 차례로 안쪽의 수술이 성숙해서 혹시라도 있을지 모를 근친결혼에 대비하는 독특한 수분 전략을 편다. 또 수선화나 만병초 같은 종류는 암술과 수술의 길이를 달리한다. 접근하는 곤충이나 수분 매개자는 꽃 중심부에 가장 먼저 닿는 부분을 통해 꽃가루를 운반하게 되지만 그 시점에서 자기 꽃가루에 의한 수정은 이미 차단된 상태다.

복수초

암술과 수술의 길이로 만든 방어선

　서로 다른 길이의 암술과 수술을 지닌 대표적인 예로는 털부처꽃이 꼽힌다. 짧은 암술을 지닌 꽃, 중간 길이를 가진 꽃, 긴 암술을 가진 꽃이 한 종 안에서 모두 나타나는 흥미로운 구조다. 이 체계에서 짧은 암술은 다른 두 종류의 꽃에 있는 짧은 수술과 결합하는 식으로 작동한다. 이는 식물 스스로 근친결혼을 방지하려는 정교한 전략이다. 이렇게 많은 식물들은 자가수분을 막고 서로 다른 꽃끼리의 교차 수분을 유도함으로써 유전자 풀을 최대한 다채롭게 만든다. 이런 전략은 식물에게 있어서는 커다란 진화적 이득이다. 교잡이 많이 일어날수록 다양한 환경에서 살아남을 수 있는 후손이 태어날 확률이 높아지기 때문이다.

어떤 식물들은 아예 암수의 그루가 분리되어 암나무와 수나무가 따로 존재하기도 한다. 이들은 당연히 자가수분이 어려우므로 교차 수분으로 이어질 확률이 높아진다. 암꽃과 수꽃이 각각 다른 나뭇가지에 피는 경우도 있다. 암술과 수술이 공간적으로 멀리 떨어져 있으면 곤충이나 바람에 의해 꽃가루가 한 그루 안에서만 맴돌지 않고 다른 개체를 찾아가게 된다. 같은 개체 내에서의 수정 확률이 낮아짐으로써 근친교배를 효과적으로 막는 것이다.

누리장나무는 더 독특하다. 누리장나무는 암술과 수술의 성숙 시기에 따라 방향이 달라지는 식물도 흥미롭다. 때로는 암술이 먼저 자라나 외부에 노출되고 이후에 수술이 자리를 바꿔서 꽃가루를 배출하는 순서를 갖기도 한다. 이런 식으로 물리적, 시간적 차이를 만들어 자가수분 가능성을 줄이는 것이다. 이는 도라지나 복수초처럼 성숙 시기를 다르게 하는 방식과 비슷한 맥락이지만 식물마다 미묘한 방식이나 구조가 다양하다.

결국 방향이든 시기든 공간이든, 무엇을 조절하든 목표는 자기 꽃가루가 자기 암술에 닿는 것을 회피하고, 다양한 외부 개체들과 유전자를 섞어 후손의 생존 가능성을 높이는 데 있다. 식물과 동물 모두에게 공통된 점은 근친교배가 자주 일어나면 열성인자가 쌓이고 돌연변이와 질병에 대한 내성이 떨어지며 외부 충격에 취약해진다는 것이다. 여러 세대를 거치다 보면 경쟁력을 잃고 극단적인 경우 멸종의 위험까지 초래한다.

도라지, 철쭉, 누리장나무의 암술과 수술

자연의 법칙에 역행하는 농업

이렇게 생물계 전체가 유전적 다양성을 확보하기 위해 고군분투하고 있지만 인간은 종종 이 자연의 법칙에 역행하는 방식을 택한다. 농작물 품종을 획일화하거나 특정 잡종만을 선호하여 대량으로 재배하는 경우가 대표적이다. 당장은 더 많은 수확량이나 균일한 품질을 얻을 수 있어 보이지만 장기적으로는 특정 해충이나 질병에 통째로 무너질 위험성이 커진다. 그리고 이러한 방식이 대량생산 시스템에 도입되면 지역 생태계의 생물다양성이 줄어들어 상호 의존적인 생태 환경이 위협받을 수 있다. 결국 자연이 오랜 세월 수많은 시행착오 끝에 완성해 온 근친교배 회피 전략들을 인간이 스스로 훼손하는 셈이다.

꽃을 통해 이루어지는 식물의 번식 과정은 간단히 말해 '씨앗을 만드는 과정'으로 귀결된다. 그리고 그 씨앗들이 퍼져 나가 다른 땅에서 새싹을 틔우는 일까지가 자연에서 매년 벌어지는 거대한 순환이다. 눈에 잘 보이지 않거나 너무나 익숙해서 간과하기 쉽지만 한 송이 꽃이 피고 지는 데에는 상당한 '전략'이 담겨 있다.

　꽃가루를 전달해 줄 매개자를 유인하고 가능한 한 여러 유전자가 섞이도록 조정하며 결국 자신이 맺은 열매 안에 다음 세대의 씨앗을 온전하게 보관한다. 씨앗이 터져 나가 싹을 틔우고 다시 꽃이 피고 지는 반복 과정 속에서 종은 생존한다. 그리고 이러한 과정을 가능하게 해 주는 가장 중요한 요인 가운데 하나가 바로 근친결혼을 피하는 것이다.

베롱나무꽃　　　　　　　　　　　패랭이꽃

　식물마다 방식을 조금씩 달리하지만 크게 보면 시기 차, 구조 차, 그리고 외부 매개자 활용으로 요약될 수 있다. 암술이 먼저 익고 수술이 늦게 익는 식물, 혹은 그 반대인 식물, 혹은 전체적으로 암나무와 수나무가 나뉜 식물, 가짜 꽃을 앞세워 곤충을 유혹하는 식물 등 그 종류는 끝이 없다. 인간이 보기에는 그저 '꽃이 예쁘다'거나 '향기가 좋다' 정도일 수 있겠지만, 그 배후에는 치열한 진화적 계산이 존재한다. 그리고 근친결혼을 피함으로써 얻는 유전적 다양성은 식물의 존속을 확고히 하는 핵심적인 축이다.

꽃이 시들고 떨어지면서 사라지는 듯해도 실은 그 안에 씨앗을 남긴다. 씨앗은 어쩌면 지구상에서 가장 기발한 생존 패키지다. 단단한 껍데기나 과육 안에 갇혀서, 물과 바람, 동물의 이동 경로를 따라 멀리 퍼져 간다. 이 과정에서 전혀 다른 서식지에 정착하여 새로운 군락을 형성하기도 한다. 많은 식물들이 근친교배를 막기 위해 씨앗을 멀리 보내는 전략도 함께 사용한다. 같은 지역에서만 번식이 계속 일어나면 결국 유전자 풀이 한정될 수밖에 없으므로, 씨앗을 가능한 한 다양한 방향으로 내보내려 하는 것이다.

생태계 유지의 열쇠는 다양성과 공존

지구 생태계에서 다양한 종과 유전 형질을 보전하는 일은 갑작스러운 환경 변화나 재앙적인 질병이 찾아올 때 전체 생태계가 유지될 수 있는 유일한 방법이다. 식물의 화려하고 섬세한 꽃은 단순히 아름다운 장식품이 아니라 이러한 다양성을 위해 쉼 없이 움직이는 살아 있는 생명의 무대다. 꽃가루받이에서 멈추지 않고, 열매로 이어지고, 그 열매 안에 숨어 있는 씨앗이 다시 새로운 꽃을 준비한다. 이 거듭되는 윤회가 있기에 숲과 들판, 그리고 우리가 살고 있는 지구가 끊임없이 숨 쉬는 것이다.

자연을 조금만 들여다보면 근친결혼을 피하기 위해 얼마나 독창적이고 정교한 장치들이 동원되고 있는지 새삼 놀라게 된다. 머리 꼭대기에 수술과 암술을 달아 놓은 식물도 있고 일부러 꽃가루를 붙였던 곤충을 다시 못 나오게 막았다가 원하는 타이밍에 풀어 주는 식물도 있다. 지구상에 존재하는 수많은 식물이 우연히 그런 구조를 갖게 된 것은 아니다. 그 긴 역사 속에서 살아남기 위한 조건은 바로 '유전적 다양성'을 유지하는 일이었고 그 핵심 전략이 근친교배를 피하는 방식으로 구체화된 것이다.

이 사실을 이해한다면 우리가 자연을 활용하는 방식을 다시금 돌아볼 필요가 있다. 특정 품종만 심어서 대량으로 길러내는 단일 재배(모노컬처)는 식물 개체군의 유전 다양성을 현저히 감소시킨다. 이는 병충해와 환경 변화에 취약해지는 지름길이다. 자연 상태의 숲이나 초원은 무수히 많은 종들이 복잡한 먹이 사슬과 상호 관계를 이루며 살아간다. 그 각자 다른 유전적 특성들이 교묘하게 섞이고 섞여, 어려운 위기가 닥쳐도 어떤 개체나 종은 살아남도록 만들어 준다. 근친교배를 피하는 식물들의 메커니즘은 이처럼 귀중한 '다양성'의 근원을 지탱해 주는 작동 원리 가운데 하나다.

인간의 편의와 경제적 이익을 위해 자연 생태계를 지나치게 단순화한다면, 결과적으로 가장 큰 피해를 보는 건 인간 자신일지도 모른다. 우리가 몰랐던 식물의 지혜, 곧 근친교배를 피하려고 펼치는 수많은 전략을 통해 자연은 예측할 수 없는 미래 위기에 스스로를 대비해 왔다. 오늘도 꽃들은 필사적으로 곤충들을 꾀어내고, 때로는 속이고, 다양한 시도 끝에 암술에 새로운 꽃가루를 안착시킨다. 그것이 다음 세대를 잇는 중요한 단계임은 두말할 필요가 없다.

제5장

무한한 가능성을 품고 떠나라

씨앗은 생명을 품은 타임캡슐이다.
식물은 다양한 전략으로 자신을 보호하고
완벽한 조건이 될 때까지 인내하며 기다린다.
빨간 열매는 '이제 먹어도 좋다'는 신호이다.

1. 씨앗은 시간 여행자이자 자연의 타임캡슐

시공간을 뛰어넘는
생명의 마법

"모든 위대한 것들은 작은 시작에서 나온다. 가장 큰 참나무도 처음엔 도토리였다."

All great things come from small beginnings. The greatest oak was once an acorn.

– 〈영국 속담〉

영화 〈인터스텔라〉에서 주인공들은 냉동 수면을 통해 수십 년의 시간을 건너뛰며 새로운 행성을 찾아 나선다. 생명 활동을 최소화해 긴 우주여행을 견디는 이 장면은 공상 과학의 상상력이 만들어 낸 미래 기술처럼 보인다. 하지만 놀랍게도 이런 시간 여행 기술을 자연은 이미 수억 년 전부터 완벽하게 구현해 왔다. 바로 우리 발밑에서 조용히 잠들어 있는 씨앗을 통해서 말이다.

씨앗은 단순한 식물의 번식 수단이 아니다. 시간과 공간을 뛰어넘는 생명의 타임캡슐이며 가장 정교한 자연의 저장 장치다. 작은 껍질 안에 한 종족의 모든 유전 정보를 담고 수십 년 수백 년 때로는 수천 년을 기다릴 수 있는 놀라운 능력을 지니고 있다. 현대 과학이 추구하는 냉동 보존 기술의 원형이 바로 씨앗의 휴면 메커니즘인 셈이다.

2천 년의 잠에서 깨어난 생명의 기적

2천 년 전 연꽃 씨앗이 현대에 와서 꽃을 피운 이야기는 씨앗의 신비로운 능력을 보여주는 대표적인 사례다. 1951년 일본의 식물학자 오가 이치로는 치바현 유적지에서 야요이 시대 지층으로부터 연꽃 씨앗을 발견했다. 방사성 탄소 연대 측정 결과 이 씨앗은 약 2천 년 전의 것으로 확인되었다. 모든 사람이 회의적이었지만 정성스러운 보살핌 끝에 씨앗은 싹을 틔우고 아름다운 분홍빛 꽃을 피워냈다.

우리나라에서도 비슷한 기적이 일어났다. 2009년 경남 함안 성산산성 발굴 현장에서 발견된 연꽃 씨앗들이 700년의 긴 잠에서 깨어나 아라홍련이라는 이름으로 우아한 붉은 꽃을 피웠다. 이런 사례들은 씨앗이 얼마나 완벽한 생명 보존 시스템을 갖추고 있는지를 극명하게 보여준다.

연꽃

　씨앗의 휴면 능력은 정교한 구조적 설계에서 나온다. 연꽃 씨앗은 매우 두껍고 단단한 껍질로 둘러싸여 있어 물과 공기의 출입을 거의 완벽하게 차단한다. 이 천연 방수복은 내부의 배와 배젖이 부패하거나 손상되는 것을 막는 보호막 역할을 한다. 또한 씨앗 내부는 수분을 최소한으로 줄인 탈수 상태를 유지하여 신진대사율을 거의 제로에 가깝게 만든다.

　하지만 씨앗은 단순히 오래 잠자는 수동적 존재가 아니다. 오히려 가장 성공적인 순간에 깨어나기 위해 끊임없이 외부 환경을 감지하고 분석하는 능동적 전략가에 가깝다. 모든 씨앗은 저마다 고유한 발아 조건이라는 정교한 알고리즘을 내장하고 있다. 숲속의 제비꽃 씨앗은 어둡고 축축한 땅속에서 무작정 싹을 틔우지 않는다. 자신을 가리던 커다란 나무가 쓰러져 따뜻한 햇볕이 땅바닥까지 내리쬐고 겨울의 추위를 충분히 겪어 봄이 왔음을 인지하며 적절한 양의 비가 내려 토양이 촉촉해지는 등 모든 조건이 완벽하게 맞아떨어지는 순간을 기다린다. 온도와 빛 습도 심지어 토양의 화학적 성분까지 복합적으로 계산하여 가장 생존 확률이 높은 때를 스스로 결정하는 것이다.

농부들은 씨앗의 이런 전략을 매년 목격한다. 밭을 갈 때마다 수많은 잡초가 경쟁적으로 싹을 틔우는 것을 본다. 이는 흙 속에 잠자고 있던 잡초 씨앗들이 갑작스러운 빛의 노출을 '지금이 기회'라는 신호로 받아들이기 때문이다. 연구에 따르면 농경지 1제곱미터 안에는 약 7만 5천 개에서 10만 개에 달하는 잡초 씨앗이 잠들어 있다고 한다.

더욱 놀라운 것은 씨앗들의 분산 전략이다. 소리쟁이는 한 해에 6만 개가 넘는 씨앗을 생산한다. 하지만 이 씨앗들은 한꺼번에 발아하지 않는다. 일부는 그해에 바로 싹을 틔우지만 나머지는 각기 다른 휴면 기간을 설정한 채 토양 속에 저장된다. 어떤 씨앗은 1년을, 어떤 씨앗은 10년을, 심지어 80년이 넘는 세월을 기다릴 수도 있다. 이는 가뭄이나 홍수 화재 같은 한 번의 재앙으로 종족 전체가 멸종하는 것을 막기 위한 고도의 위험 분산 투자인 셈이다. 투자 전문가들이 말하는 '모든 달걀을 한 바구니에 담지 말라'는 원칙을 씨앗은 이미 수백만 년 전부터 실천해 왔다. 한 해의 실패에 모든 것을 걸지 않고 시간을 나누어 세대를 이어 가려는 씨앗의 지혜는 실로 경이롭다.

지칭개　　　　　　제비꽃　　　　　버드나무 씨앗

현대판 노아의 방주 시드볼트

자연이 만든 이 토양 시드뱅크의 원리를 인류는 이제 고스란히 빌려와 미래를 준비하고 있다. 노르웨이령 스발바르 군도에 위치한 스발바르 세계종자저장고(Svalbard Global Seed Vault)는 현대판 노아의 방주로 불린다. 핵전쟁이나 기후 변화 대규모 자연재해와 같은 지구적 재앙으로부터 식물 유전자원을 영구적으로 보존하기 위한 시설이다.

우리나라에도 자랑스러운 시드볼트가 있다. 경북 봉화에 자리한 국립백두대간수목원의 시드볼트는 영하 20도의 온도와 40% 이하의 상대 습도를 유지하여 씨앗의 신진대사를 멈추고 수명을 극적으로 늘리는 최적의 환경을 제공한다. 이러한 조건에서 소나무 씨앗은 350년 이상 연꽃 씨앗은 1,000년 이상 생명력을 유지할 수 있다.

스발바르 시드볼트는 주로 농업에 사용되는 주요 작물의 씨앗을 보존함으로써 전 인류적 식량 안보 차원에서 씨앗을 보존하는 데 비해 우리나라 국립백두대간수목원 시드볼트는 우리나라 고유 식물과 야생 식물, 전 세계의 멸종 위기 식물을 체계적으로 보존·복원·활용하기 위한 역할이 핵심이다.

씨앗은 스스로 발아 시기를 선택한다

최근 과학자들은 씨앗의 더욱 놀라운 능력을 발견했다. 씨앗들이 화학적 신호를 통해 서로 정보를 주고받는다는 사실이다. 한 씨앗이 발아하면 주변 씨앗들에게 신호를 보내 경쟁을 피하거나 함께 발아할 최적의 시점을 알려준다. 이는 개체의 생존을 넘어 종족 전체의 번영을 위한 협력적 전략이다.

씨앗의 공간적 분산 전략도 흥미롭다. 민들레 씨앗은 솜털 같은 관모를 이용해 바람을 타고 멀리 날아가고 도꼬마리 씨앗은 가시를 이용해 동물의 털에 달라붙어 이동한다. 단풍나무 씨앗은 날개를 가져 헬리콥터처럼 회전하며 멀리 퍼져 나간다. 이러한 분산 전략은 한 지역의 환경 변화나 재해로 인한 멸종 위험을 줄이는 또 다른 보험이다.

씨앗의 생존 전략에서 우리는 인생의 중요한 교훈을 얻을 수 있다.

첫째는 적절한 타이밍의 중요성이다. 씨앗은 모든 조건이 완벽하게 갖춰질 때까지 기다린다. 성급하게 서두르기보다는 최적의 순간을 인내심 있게 기다리는 지혜를 보여준다. 벤저민 프랭클린은 '시간은 돈이다.'라고 말했지만 씨앗은 '적절한 타이밍이 생명이다.'라고 말하는 것 같다. 둘째는 위험 분산의 지혜다. 모든 자원을 한 번에 투입하지 않고 시간과 공간에 분산시키는 씨앗의 방식은 불확실한 미래에 대비하는 현명한 접근법이다. 투자뿐만 아니라 교육이나 경력 개발에서도 적용할 수 있는 원리다. 한 분야에만 몰두하기보다는 여러 영역에서 역량을 키워 두는 것이 변화무쌍한 시대를 살아가는 지혜다.

셋째는 인내의 힘이다. 2천 년을 기다린 연꽃 씨앗처럼 진정한 성장은 시간이 필요하다. 즉석에서 결과를 원하는 현대 사회의 조급함과 달리 씨앗은 긴 호흡으로 미래를 준비한다. 토머스 에디슨이 '천재는 1%의 영감과 99%의 노력'이라고 말했지만, 씨앗은 '성공은 1%의 기회와 99%의 인내'라고 말하는 듯하다. 넷째는 협력의 가치다. 씨앗들이 서로 신호를 주고받으며 협력하는 모습은 개인주의가 팽배한 현대 사회에 시사하는 바가 크다. 경쟁만이 아니라 협력을 통해 공동체 전체의 번영을 추구하는 씨앗의 모습에서 진정한 성공의 의미를 되새겨볼 수 있다. 다섯째는 내재된 잠재력의 중요성이다. 작고 보잘것없어 보이는 씨앗 안에는 거대한 나무로 자랄 수 있는 모든 정보가 들어 있다. 외적인 조건보다는 내재된 역량과 가능성이 더 중요하다는 교훈을 준다.

작은 씨앗 한 알은 미래를 여는 희망

씨앗의 휴면 메커니즘을 연구하는 과학자들은 이 원리를 인간의 의료 기술에 응용할 가능성을 탐구하고 있다. 씨앗이 장기간 생명력을 유지하는 비결을 파악하면 인간의 장기 보존 기술이나 노화 방지 연구에 중요한 통찰을 얻을 수 있다. 특히 씨앗이 DNA 손상을 최소화하고 복구하는 메커니즘은 암 치료나 유전자 치료 분야에 혁신적 아이디어를 제공할 수 있다.

기후 변화로 인한 환경 위기 속에서 씨앗 보존의 중요성은 더욱 커지고 있다. 지구 온난화로 많은 식물종이 멸종 위기에 처해 있지만 씨앗 형태로 보존된 유전자원은 미래에 이들을 복원할 수 있는 유일한 희망이다.

빠르게 변화하는 현대 사회에서 씨앗의 지혜는 더욱 소중하다. 성과에만 급급한 현대인들에게 씨앗은 성급함보다는 인내를 즉흥적 행동보다는 신중한 판단을 택하라고 조언한다. 모든 조건이 완벽하게 갖춰질 때까지 기다리는 씨앗의 자세는 깊은 성찰을 제공한다.

오늘도 우리는 식물이 만들어 낸 씨앗을 먹고 산다. 쌀과 보리 밀과 옥수수 콩 등 수많은 씨앗이 우리의 생명을 유지해 준다. 우리가 먹는 육류도 결국 식물의 씨앗으로 기른 동물들이다. 그래서 씨앗 없이는 인류가 한순간도 살 수 없다고 해도 과언이 아니다. 하나의 씨앗은 과거의 모든 정보를 담아 현재를 견디며 미래를 여는 존재다. 그 작은 껍질 안에는 수만 년에 걸쳐 진화해 온 생존의 지혜와 전략 그리고 한 종족의 역사와 미래가 고스란히 담겨 있다. 우리는 첨단 과학의 힘으로 생명의 시간을 조절하려 하지만 씨앗은 이미 자연의 법칙 안에서 시간 여행을 완벽하게 구현하고 있다.

알베르트 아인슈타인은 "자연을 깊이 들여다보면 모든 것을 더 잘 이해할 수 있다."고 말했다. 씨앗의 신비를 깊이 들여다보는 것은 단순히 식물학적 호기심을 넘어 생명의 본질에 대한 깊은 성찰로 우리를 이끈다. 혹독한 환경을 견디는 인내 최적의 순간을 기다리는 지혜 그리고 다음 세대를 위해 모든 것을 내어 주는 헌신까지 씨앗은 우리에게 가장 위대한 스승일지도 모른다.

오늘 우리 발밑을 스치는 작은 풀씨 하나를 새로운 눈으로 바라보자. 그 안에는 수천 년의 잠에서 깨어 난 연꽃의 경이와 미래의 재앙에 대비하는 인류의 희망이 함께 숨 쉬고 있다. 영겁의 시간을 품고 깨어날 순간을 기다리는 이 작은 우주야말로 지구상에서 가장 위대한 생명의 타임캡슐이다.

씨앗이 전하는 메시지는 명확하다. 진정한 생명력은 화려한 겉모습이 아니라 내재된 잠재력과 올바른 시점을 기다리는 지혜에서 나온다는 것이다. 작지만 무한한 가능성을 품은 씨앗처럼 우리도 각자 안에 잠든 거대한 잠재력을 믿고 최적의 순간을 인내심 있게 기다리며 준비해야 한다. 그리고 때가 되면 과감히 싹을 틔워 세상에 아름다운 꽃을 피워야 한다.

복자기

2. 씨앗은 결코 수동적이지 않다

씨앗이 보여주는
방어와 이동의 기술

> "물은 유연하고 부드러우며 굽힐 줄 안다. 하지만 물은 굽힐 줄 모르는 단단한 바위마저도 깎아 낸다."
>
> Water is fluid, soft, and yielding. But water will wear away rock, which cannot yield and is indestructible.
>
> — 『도덕경』「상선약수(上善若水)」 노자

 숲속을 거닐다 보면 발밑에 굴러다니는 작은 씨앗 하나에도 놀라운 이야기가 숨어 있음을 발견하게 된다. 겉보기에는 보잘것없어 보이는 이 작은 알갱이들이 사실은 수천, 수백만 년 진화의 산물이며 생존을 위한 치밀한 전략으로 무장되어 있다. 움직이지 못하는 식물이지만 후손을 남기기 위한 씨앗의 방어와 이동 방법은 실로 다양하고 놀라울 정도로 정교하다.

움직일 수 없는 식물은 그 자리에서 수많은 해충과 동물로부터 자신을 지켜야 한다. 식물들은 이를 위해 다양한 방어 전략을 발달시켜 왔다. 식물은 물리적인 방어 기작으로 가시나, 털, 두꺼운 큐티클잎, 단단한 세포벽으로 자신을 지켜왔다. 가시는 초식 동물이 잎이나 줄기를 씹는 것을 막아 준다. 식물은 다양한 독성물질을 품고 있다. 쓰고 시고 떫고 불쾌한 냄새 등 화학물질을 만들어 초식 동물과 병원균을 억제한다.

밤송이를 떠올려 보자. 날카로운 가시에 둘러싸인 이 천연 요새는 그 안의 소중한 밤알을 지키기 위한 완벽한 방어막이다. 손을 잘못 대면 금세 찔릴 수 있기에 함부로 다가가기 어렵다. 잣송이 역시 두꺼운 껍데기를 갖추고 있어 야생동물 입장에서는 밤송이를 깨뜨리기가 쉽지 않다. 누린내풀이나 어성초의 경우 잎과 열매, 그리고 씨앗에서 쓰거나 떫은 맛을 내고 강한 냄새를 풍겨 동물이 가까이 오지 못하도록 억제한다. 이는 마치 스컹크가 천적을 물리치기 위해 고약한 냄새를 뿜어내는 것과 유사한 방어 메커니즘이다.

애기똥풀이나 박주가리 같은 식물들은 줄기나 잎을 꺾었을 때 특유의 하얀 액이 나오는데 이 액이 종종 독성을 지니거나 끈적여서 먹기에 불편함을 준다. 어떤 종은 알칼로이드나 탄닌 등의 함유량을 높여서 동물이 한 번 맛보고 나면 다시는 건드리지 않도록 길들이는 경우도 있다. 독성이 강한 주목 씨앗이나 탄닌 함유가 높은 떫은 열매들이 이러한 범주에 속한다. 식물이 움직이지 못하면서도 생존 경쟁 속에서 살아남을 수 있었던 비결은 바로 이런 물리적, 화학적 무기를 동원해 씨앗을 지켜온 과정에서 비롯된다.

씨앗은 멀리 보내져야 생존 확률이 있다

예쁜 꽃이 피는 야생화인 처녀치마라는 식물이 있다. 이 식물은 이른 봄 키가 낮은 상태에서 보랏빛 꽃을 피워 주변의 눈길을 끈다. 그런데 꽃잎이 시들 무렵에는 꽃대가 훌쩍 자라나 50~60센티미터 정도의 길이에 이르고 그 높이에서 씨앗을 퍼뜨린다. 처음에는 '왜 꽃대가 늦게 자라는 걸까' 싶지만 가만히 보면 씨앗이 이미 형성된 상태에서 더 높은 지점에서 멀리 흩뿌려지도록 식물이 고안한 방법임을 깨닫게 된다.

민들레도 같은 전략을 구사한다. 꽃이 피어 있을 때나 씨앗이 영글지 않은 상태에서는 꽃대가 상대적으로 낮지만 씨앗이 완전히 영글게 되면 민들레는 꽃대를 높이 세워 씨앗이 바람에 더 잘 날아갈 수 있도록 한다. 할미꽃과 제비꽃 같은 경우에도 흥미로운 방식을 취한다. 꽃이 필 때는 고개를 숙여 땅을 바라보듯이 피지만 꽃이 다 지고 난 뒤에는 꽃대가 쑥 올라오거나 꼿꼿해진다. 이 변화는 더 넓은 범위로 씨앗을 멀리 날려 보내기 위함이다. 꽃이 질 때까지는 보호적인 자세를 취하다가 종자를 퍼뜨릴 시점이 되면 꽃대를 일으켜 주변의 바람이나 동물 접촉을 통해 씨앗이 최대한 멀리 흩어질 수 있도록 한 것이다.

처녀치마 꽃, 민들레 씨앗

　식물은 후손들끼리의 경쟁을 줄이기 위해 이처럼 독특하고도 지혜로운 씨앗 전파 전략을 발전시켜 왔다. 한 곳에 씨앗이 쏟아져 내리면 그들 사이에 빛과 영양분을 나누려는 싸움이 치열해져 모두가 살아남기 힘들어진다. 이 때문에 식물은 자연스레 씨앗을 더 넓고 다양한 공간으로 흩뿌려 자손들의 생존 가능성을 높이고자 하는 본능적 분산 방식을 선택한 것이다.

바람과 물을 타고 떠나는 씨앗들

　움직일 수 없는 식물의 씨앗이 이동하는 다양한 방법을 살펴보면 식물들의 생존 전략이 얼마나 치밀한지 새삼 감탄하게 된다. 단풍나무나 민들레 같은 식물들은 씨앗이나 열매에 날개 혹은 솜털 같은 비행 장치를 달아 바람을 타고 멀리 이동하도록 한다. 바람이 살짝만 불어도 살포시 날아가 착지하는 곳에 새로운 터전을 마련한다. 민들레꽃이 시들고 난 뒤에 남는 흰 깃털은 바람에 가장 적합한 형태로 진화했기 때문에 도시 한복판 콘크리트 틈새에서도 이를 심심찮게 발견할 수 있다. 이는 마치 라이트 형제가 새의 비행을 관찰하여 비행기를 발명한 것처럼 자연이 이미 완벽한 비행 시스템을 개발해 놓은 것이다.

수중 환경에 특화된 식물도 있다. 야생식물인 벗풀은 물 위에 잘 뜨는 구조를 갖춘 씨앗을 만들어 강이나 계곡을 통해 먼 곳으로 흘러가는 방식을 택한다. 이때 씨앗 표면에는 공기주머니 같은 조직이 발달했거나 수분을 머금지 못하도록 발수성 표면을 지닌 경우가 많다. 이러한 방식은 씨앗을 물가를 따라 넓은 지역으로 이동시키는 데 매우 효과적이다. 이는 현대 조선 기술의 부력 원리를 자연이 이미 터득하고 있었음을 보여준다.

장마철에 노란 꽃으로 나무 전체를 물들여 '골든레인트리'라고 불리는 모감주나무도 물을 이용해 씨앗을 퍼뜨린다. 모감주나무는 씨앗이 바닷가나 강가에 떨어지면 꼬투리째 바닷물이나 강물을 타고 멀리멀리 이동한다. 우리나라 태안반도에 많이 서식하고 있는 모감주나무는 중국 산둥반도에서 수백 킬로미터 바다를 건너 정착한 것으로 알려져 있다.

모감주나무 꽃

폭발하는 열매와 교묘한 히치하이킹

물봉선은 익은 열매가 조금만 자극을 받아도 순식간에 폭발하듯 터져 씨앗을 사방으로 튕겨낸다. 이는 열매가 터지는 순간 내부 조직이 스프링처럼 작동해 씨앗을 멀리 날려 보내는 기계적 분산 방법이다. 마치 대포에서 포탄을 발사하는 것과 같은 원리로 식물계의 '자연 대포'라고 할 수 있다.

동물이나 인간을 활용하는 전략은 더욱 교묘하다. 도깨비바늘과 가막사리, 진득찰, 겨우살이 등은 가시 혹은 갈고리 모양의 돌기를 지닌 씨앗을 만들어 동물의 털이나 사람의 옷에 달라붙는다. 덕분에 상당히 먼 거리를 이동할 수 있는데 이를 모르는 사람들은 길을 걷다가 집에 와서야 옷에 가시 돋친 열매가 잔뜩 붙어 있는 것을 발견하게 된다.

겨우살이는 새가 씨앗을 먹고 배설하면서 나뭇가지에 붙게 되는 과정이 번식에 큰 역할을 한다. 이처럼 동물의 몸을 단순히 착취하는 게 아니라 동물 역시 과육 등 일부 이득을 얻기에 서로 도움이 되는 식으로 진화해 왔다는 점이 이채롭다. 이는 현대 마케팅에서 말하는 '바이럴 마케팅'과 유사한 개념으로 동물을 매개체로 활용하여 자신의 유전자를 널리 퍼뜨리는 전략이다.

겨우살이, 피나무, 물푸레나무 씨앗

작은 씨앗 알갱이 하나에는 무한한 가능성이 담겨 있다. 이 작은 씨앗들은 모두 '부모 식물로부터 멀어지기'라는 큰 목표를 지향한다. 한 지역에 밀집하면 빛과 양분 공간을 두고 자식끼리 경쟁이 심해지기 때문에 식물 세계에서도 자손이 멀리 퍼져야 개체군의 생존 확률이 높아지기 때문이다. 물론 씨앗은 이동 과정에서 숱한 고비를 겪기도 한다. 비바람에 쓸려가기도 하고 이동 중에 동물에게 일부가 소화되어 버릴 수도 있다. 하지만 살아남은 일부는 새로운 땅에서 싹을 틔우고 그렇게 번식지를 계속 확장해 나간다.

이러한 씨앗들의 분산 이동은 벤처 캐피털리스트들이 말하는 '포트폴리오 투자' 전략과 놀랍도록 유사하다. 수많은 스타트업에 투자하여 대부분이 실패하더라도 몇 개의 성공 사례로 전체 수익을 거두는 것처럼 식물도 수많은 씨앗을 퍼뜨려 일부의 성공으로 종족 번영을 도모한다.

생명을 품은 씨앗의 끈질긴 생존전략

생태계라는 무대 위에서 식물의 씨앗은 결코 수동적인 존재가 아니다. 각종 화학적 물리적 방어 기제부터 다양한 전파 매개체와의 협력 관계 발아 시점을 조절하는 고등한 전략까지 두루 갖추고 있다. 인간 입장에서는 그저 작고 가벼운 알갱이 같지만 그 안에는 수백만 년 진화가 축적된 방어시스템과 번식의 지혜가 녹아들어 있다는 사실이 흥미롭다.

우리들은 다양한 열매나 씨앗의 모습에서 자연과 공존하는 삶의 지혜를 엿볼 수도 있다. 인간은 곡식이며 과일 채소를 통해 여러 식물의 씨앗을 직접 소비하기도 하며 선택 교배나 품종 개량 등을 거치면서 씨앗의 유전자를 의도적으로 조절해 왔다. 한편으로는 농경에 필수적인 곡물의 씨앗이 다양한 환경에 맞춰 생육할 수 있도록 연구하면서 식량안보와 환경보전을 위한 노력도 이어지고 있다.

식물의 씨앗은 단순한 번식 도구를 넘어 생태계의 회복 탄력성을 상징하는 존재로 볼 수 있다. 족도리풀이나 밤송이처럼 물리적으로 방어하는 방법부터 누린내풀과 어성초처럼 독특한 냄새로 접근을 막는 방법 벚나무와 개미가 보여주듯 동물과 협력하여 씨앗을 안전하게 키우는 방법 그리고 그 자손을 멀리멀리 퍼뜨리는 방식까지 모두 자연계가 쌓아 온 놀라운 적응의 산물이다.

식물의 씨앗이 움직이지 못한다는 약점을 극복하기 위해 진화된 수많은 기법이 이토록 다양하고 정교하다는 사실을 알게 되면 보잘것없어 보이던 작은 풀 한 포기에 대해서도 경외심이 생긴다. 결국 우리 곁에 사는 모든 생명체가 치열한 경쟁과 전략적 공생을 통해 지금까지 살아남았고 앞으로도 그 방식은 무수히 변주를 거듭할 것이다.

자연 앞에서 우리는 얼마나 겸손해야 하는지를 씨앗의 방어와 전파 방식이 잘 보여준다. 생태계는 각 요소가 얽히고설켜 유기적으로 움직이기 때문에 그 일부를 지나치게 훼손하면 결국 인간에게도 부정적 영향이 돌아온다. 씨앗 한 알이 품은 작은 우주를 이해하는 일은 숲과 인간이 조화롭게 살아갈 방법을 모색하는 길에 중요한 단서를 제공한다.

탱자나무 열매

　지금 이 순간에도 가시 갑옷을 입고 세상을 향해 용감히 뛰어드는 씨앗이 있다. 동물의 털에 몰래 편승해 미지의 땅으로 모험을 떠나는 씨앗도 있다. 강물의 품에 안겨 어디로 갈지 모르는 여행을 즐기는 씨앗도 있고, 달콤한 과육이라는 화려한 포장지에 싸여 누군가의 입맛을 사로잡으며 새로운 보금자리를 찾아가는 씨앗도 있다. 이 모든 것은 우연이 아니다. 수억 년의 시간을 거쳐 식물들이 터득한 생존의 예술이자 다음 세대에게 생명의 희망을 건네주려는 치열한 의지의 결실이다.

　한 알의 씨앗 속에는 뿌리를 내리고 줄기를 뻗으며 꽃을 피울 모든 설계도가 담겨 있다. 우리는 이 작은 생명체들이 건네는 메시지를 제대로 듣고 있을까? 콘크리트 숲 사이로 고개를 내미는 작은 새싹 하나에 담긴 놀라운 생명력을, 바람에 날리는 민들레 홀씨 하나하나에 깃든 그들의 꿈을 우리는 얼마나 알고 있는 것일까?

3. 포기는 없다, 기다리고 도전하라

차례가 올 때까지
기다린다

"모든 새로운 시작은 다른 어떤 시작의 끝에서 나온다."
Every new beginning comes from some other beginning's end.
- 〈루킬리우스에게 보내는 도덕 편지〉, 세네카(Lucius Annaeus Seneca)

국립수목원에는 숲생태관찰로라는 숲속 산책로가 있다. 이 산책로를 걷다가 거대한 참나무 그늘 아래 몇 그루의 조그마한 묘목들을 발견했다. 수십 미터 높이의 거목들에 둘러싸여 햇빛도 제대로 받지 못하는 그 작은 나무들은 겨우 무릎 높이 정도였다. 언뜻 보기에는 초라하고 불쌍해 보였지만 자세히 관찰해 보니 그 묘목은 결코 절망하거나 포기한 기색이 없었다. 오히려 언젠가 자신의 차례가 올 것을 확신하며 조용히 뿌리를 내리고 있었다. 오히려 키가 큰 나무들보다 더 넓은 잎을 달고 미래를 준비하고 있는 모습이 대견스러웠다.

식물은 결코 포기하지 않는다

　식물들이 때를 기다리는 지혜는 자연계의 가장 놀라운 전략 중 하나다. 숲속 그늘에서 자라는 어린나무들은 머리 위의 거대한 나무가 쓰러지거나 수명을 다해 햇빛이 들어오는 순간까지 수십 년을 기다릴 수 있다. 그 긴 시간 동안 미약한 광합성으로 근근이 생명을 유지하면서도 결코 포기하지 않는다. 그러다 기회가 오면 폭발적인 성장을 시작한다. 이런 현상을 과학자들은 '갭 다이내믹스'라고 부른다. 숲에 빈 공간이 생기면 그동안 억눌려 있던 어린나무들이 경쟁적으로 자라나기 시작하는 것이다. 마치 무대를 기다리던 배우가 드디어 스포트라이트를 받는 순간과 같다. 이는 단순한 우연이 아니라 수백만 년에 걸쳐 완성된 정교한 생존 전략이다.

　아마존 열대 우림의 어린나무들을 연구한 생태학자들은 놀라운 사실을 발견했다. 일부 나무들은 100년 이상을 겨우 몇 미터 높이로 자라다가 거대한 나무가 쓰러져 햇빛이 들어오자 10년 만에 30미터 이상 자라는 기록을 보였다. 이들은 마치 스프링이 압축되어 있다가 순간적으로 튀어나오는 것처럼 폭발적인 성장을 보여준다.

　미국의 대표적인 정치가이면서 과학자인 벤저민 프랭클린은 "시간은 돈이다."라고 말했다. 하지만 식물은 '적절한 타이밍이 생명이다'라는 것을 인식하고 있다. 성급하게 서두르다가 실패하느니 충분히 준비된 상태에서 확실한 성공을 택하는 것이다. 이런 지혜는 인간 사회의 여러 분야에서도 찾아볼 수 있다. 중국 고전에 나오는 도광양회라는 사자성어가 바로 이런 전략을 표현한다. 재능을 감추고 때를 기다린다는 뜻으로 실력이 부족할 때는 무리하게 나서지 않고 조용히 역량을 키우다가 기회가 오면 과감하게 행동하는 것이다. 과거 중국이 개혁 개방 초기에 국제 무대에서 과도하게 목소리를 내지 않으면서 경제력을 키웠던 것도 같은 맥락이다.

우리나라는 1960년대부터 80년대까지 교육에 투자하고 제조업 기반을 차근차근 구축하면서 때를 기다렸다. 그 결과 1990년대 이후 정보 통신 기술의 발달과 함께 급속한 경제 성장을 이룰 수 있었다. 마치 숲속 어린나무가 오랫동안 준비하다가 기회가 오자 폭발적으로 성장하는 것과 같았다. 애플의 아이폰이 좋은 예다. 스마트폰 기술 자체는 이미 오래전부터 존재했지만 스티브 잡스는 기술이 충분히 성숙하고 시장이 준비될 때까지 기다렸다. 2007년 아이폰이 출시되었을 때 터치스크린 기술과 인터넷 환경 그리고 소비자들의 니즈가 완벽하게 맞아떨어졌다. 만약 몇 년 더 일찍 출시했다면 지금과 같은 성공을 거두기 어려웠을 것이다.

아마존의 제프 베이조스도 비슷한 전략을 구사했다. 1994년 인터넷 서점으로 시작한 아마존은 초기 몇 년간 적자를 감수하면서도 꾸준히 인프라를 구축했다. 많은 사람들이 의구심을 표했지만 베이조스는 언젠가 전자상거래 시대가 올 것을 확신하며 기다렸다. 그 결과 지금은 세계 최대의 온라인 쇼핑몰로 성장했다. 투자의 귀재 워런 버핏도 때를 기다리는 투자자로 유명하다. 그는 "좋은 기업을 적절한 가격에 사서 오래 보유하라."고 말하며 단기적 수익보다는 장기적 관점을 중시한다. 시장이 과열되었을 때는 현금을 보유하고 있다가 모든 사람이 절망할 때 과감하게 투자한다. 이는 씨앗이 불리한 환경에서는 휴면하고 있다가 좋은 조건이 되면 발아하는 것과 같은 원리다.

빨리빨리 문화의 함정

하지만 현대 사회는 점점 더 빠른 결과를 요구하고 있다. 빨리빨리 문화가 만연하면서 충분한 준비 없이 성급하게 나서는 경우가 늘어나고 있다. SNS의 발달로 남들의 성공 사례가 실시간으로 전해지면서 조급함은 더욱 커지고 있다. 하지만 식물의 지혜를 생각해 보면 이런 성급함이 얼마나 위험한지 알 수 있다. 성급하게 준비가 덜 된 상태에서 무리하게 시작한 사업들이 실패하는 사례를 우리는 자주 본다. 충분한 시장 조사나 기술 개발 없이 남들이 성공했다고 해서 무작정 따라 하다가 큰 손실을 보는 경우가 많다. 반면 오랫동안 준비하고 기다렸던 기업들은 시장의 변화에 맞춰 완벽한 타이밍에 등장하여 큰 성공을 거둔다.

우리나라는 너무 이른 나이부터 과도한 경쟁에 내몰리는 경향이 있다. 유치원생까지 영어와 수학을 배우고 초등학생부터 입시 경쟁에 뛰어든다. 하지만 이런 조기 교육이 반드시 좋은 결과를 가져오는 것은 아니다. 오히려 아이들의 창의성과 자율성을 해칠 수 있다.

아스팔트 틈새나 돌 사이에서도 끈질기게 살아남는 잡초들은 조건이 맞을 때까지 기다렸다가 순식간에 싹을 틔운다. 인간이 아무리 뽑아도 또다시 자라나는 것은 땅속에 수많은 씨앗들이 기회를 기다리고 있기 때문이다. 이들의 끈질긴 생명력은 역경 속에서도 희망을 잃지 않는 인간의 정신력과 닮아있다. 하지만 무조건 기다리기만 하라는 것은 아니다. 중요한 것은 기다리는 동안 무엇을 해야 하느냐는 것이다. 식물들도 휴면 상태에서 완전히 정지해 있는 것이 아니라 최소한의 생명 활동을 유지하며 환경 변화를 감지한다. 인간도 마찬가지로 기다리는 동안 끊임없이 학습하고 준비해야 한다.

타이밍을 아는 것만큼 중요한 것이 용기다. 아무리 완벽하게 준비했어도 실제로 행동에 옮기지 않으면 의미가 없다. 식물들도 조건이 맞으면 주저하지 않고 발아한다. 더 좋은 조건을 기다리다가 기회를 놓치는 일은 없다. 인간도 마찬가지로 어느 정도 준비가 되었다면 과감하게 시작하는 용기가 필요하다.

시대의 변화를 읽는 안목이 중요하다

현대 사회에서 성공하는 사람들의 공통점을 보면 대부분 이런 특징을 가지고 있다. 충분히 준비하되 기회가 오면 망설이지 않고 행동에 옮기는 것이다. 빌 게이츠는 하버드를 중퇴하고 마이크로소프트를 창업할 때 PC 시대가 올 것을 확신했다. 마크 저커버그도 페이스북을 만들 때 SNS의 가능성을 누구보다 빨리 알아봤다. 우리나라의 성공한 기업인들도 비슷하다. 삼성의 이병철 회장은 전자 산업에 진출할 때 반도체의 미래를 내다봤고 현대의 정주영 회장은 조선업에 뛰어들 때 세계 해운업의 성장을 예측했다. 이들은 모두 시대의 변화를 읽고 적절한 타이밍에 과감한 결정을 내렸다.

식물이 계절의 변화를 감지하고 그에 맞춰 활동하는 것처럼 우리도 시대의 흐름을 읽고 대응해야 한다. 4차 산업혁명 시대에는 인공지능과 빅 데이터 사물인터넷 등 새로운 기술들이 중요해지고 있다. 이런 변화에 대비해서 관련 지식을 쌓고 기술을 익혀야 한다. 또한 글로벌화가 가속화되면서 언어 능력과 문화적 이해력도 중요해지고 있다. 국경을 넘나드는 협업이 늘어나고 있어서 다양한 문화권의 사람들과 소통할 수 있는 능력이 필요하다. 이런 트렌드를 미리 파악하고 준비하는 사람들이 기회를 잡을 수 있을 것이다.

기후 변화와 환경 파괴가 심각해지면서 친환경 기술과 재생 에너지에 대한 관심이 높아지고 있다. 이 분야에서 전문성을 쌓는다면 미래에 큰 성장 가능성이 있다. 테슬라의 일론 머스크가 전기차와 우주 항공 사업으로 성공한 것도 이런 트렌드를 일찍 파악했기 때문이다.

중국의 철학자 노자는 그의 저서 『도덕경』에서 '가장 으뜸가는 선은 물과 같다(上善若水). 물은 만물을 이롭게 하면서도 다투지 않고, 사람들이 싫어하는 낮은 곳에 머물기 때문에 도(道)에 가깝다'고 말했다. 이는 식물이 보여주는 겸손한 기다림의 자세와 일맥상통한다. 성급하게 앞서나가려 하지 말고 때를 기다리며 실력을 쌓는 것이 진정한 성공의 길이다. 결국 식물이 우리에게 가르쳐 주는 가장 중요한 교훈은 인내와 준비 그리고 적절한 타이밍의 중요성이다. 성급하게 서두르지 말고 충분히 준비하되 기회가 오면 망설이지 말고 행동하라는 것이다. 이는 개인의 성장뿐만 아니라 기업의 발전 나아가 국가의 번영을 위해서도 필요한 지혜다.

오늘도 수많은 씨앗들이 땅속에서 자신의 때를 기다리고 있다. 어떤 씨앗은 내년 봄에 싹을 틔울 것이고 어떤 씨앗은 수십 년 후에 깨어날 수도 있다. 하지만 그들은 결코 포기하지 않는다. 언젠가 완벽한 조건이 갖춰질 것을 믿고 끝까지 기다린다. 지금 당장 결과가 보이지 않는다고 해서 좌절할 필요는 없다. 충분히 준비하고 때를 기다리면 언젠가는 반드시 기회가 온다. 그때 망설이지 말고 과감하게 도전하면 된다. 식물들이 수억 년 동안 증명해 온 이 단순하지만 강력한 진리를 우리도 삶에 적용해 보자.

남원 광한루 왕버들

4. 가을 숲 빨간 열매의 메시지

이제 먹어도 좋다,
자연이 보내는 신호

"자연과 함께하는 모든 걸음에서, 사람은 찾고자 했던 것보다 훨씬 많은 것을 얻는다."
In every walk with nature, one receives far more than he seeks.

― 〈샌프란시스코 데일리 이브닝 기고문〉, 존 뮤어(John Muir)

 가을이 깊어질 무렵 숲길을 걷다 보면 낙엽이 떨어진 나뭇가지 사이로 유난히 붉게 빛나는 열매들이 우리의 시선을 사로잡는다. 빨간 열매가 가득 달린 산딸나무에는 벌써부터 까마귀와 까치들이 분주하게 오가고 있다. 낙상홍과 덜꿩나무 그리고 팥배나무와 마가목 열매가 너무나 예쁜 색깔을 하고 있다. 마치 자연이 마지막 축제를 위해 준비한 붉은 보석처럼 반짝이는 이 작은 열매들은 단순한 가을 장식이 아니다. 그 속에는 식물이 수백만 년에 걸쳐 완성한 정교한 생존 전략과 자연의 놀라운 지혜가 담겨 있다.

완벽한 타이밍을 알려주는 빨간 열매의 신호

산수유나무의 타원형 붉은 열매와 산사나무의 동그란 빨간 열매는 가을이 왔음을 알려주는 눈에 띄는 존재들이다. 이들의 화려한 색채는 우연히 만들어진 것이 아니라 치밀한 계산의 산물이다. 열매가 아직 덜 익었을 때는 초록색을 띠며 맛도 떫고 영양가도 부족하다. 하지만 씨앗이 완전히 성숙하면 열매는 붉은색으로 변하며 당분과 비타민이 풍부해진다. 이는 식물이 동물들에게 '이제 먹어도 좋다'는 명확한 신호를 보내는 것이다.

우리가 즐겨 먹는 과일도 예외는 아니다. 아직 익지 않은 풋과일을 먹으면 떫거나 쓰거나 전혀 맛이 없어 먹을 수가 없다. 그러나 과육 안에 씨앗이 완전히 영글게 되면 그때부터는 완전히 맛있는 과일이 된다. 색깔도 보기 좋게 변화하기 시작하고 좋은 향을 뿜기도 한다. 이제 씨앗이 부모를 떠나 멀리 이동할 시간이 되었다는 표시이다. 그러니 과일을 빨리 수확해서 먹으라는 의미이다.

식물학자들은 이러한 현상을 '종자 분산 전략'이라고 부른다. 식물은 뿌리가 있는 곳에서 평생을 보내야 하는 운명을 가지고 있다. 따라서 자손인 씨앗만큼은 멀리 보내야 종족 번영이 가능하다. 만약 모든 씨앗이 부모 나무 주변에만 떨어진다면 엄마 나무와의 햇빛 경쟁에서 어린나무가 살아날 수 없다. 또한 영양분 경쟁이 치열해지고 병충해가 퍼질 위험도 높아진다. 그래서 식물들은 사람을 비롯한 다양한 동물의 힘을 빌려 씨앗을 원거리로 운송하는 정교한 시스템을 개발했다.

가막살나무. 길마가지. 낙상홍 열매

새들의 시각에 맞춘 완벽한 마케팅

식물의 씨앗을 옮겨주는 가장 대표적인 동물이 새들이다. 그래서 새들의 시각 특성을 고려한 색깔 선택도 주목할 만하다. 조류학 연구에 따르면 새들은 빨간색과 주황색을 매우 잘 인식한다. 인간보다도 색채 구별 능력이 뛰어난 새들에게 빨간 열매는 숲속에서도 쉽게 발견할 수 있는 표적이 된다. 청미래덩굴이나 덜꿩나무처럼 선명한 붉은 열매를 맺는 식물들이 새들의 주요 먹이가 되는 이유가 여기에 있다.

이러한 관계는 일방적인 것이 아니라 상호 이익을 추구하는 공생 관계다. 새들은 달콤하고 영양가 높은 열매를 얻어 에너지를 보충하고 식물은 씨앗을 멀리 퍼뜨릴 수 있는 기회를 얻는다. 더욱 놀라운 것은 새의 소화 과정이 씨앗에게 오히려 도움이 된다는 사실이다. 씨앗이 소화 기관을 통과하면서 해로운 미생물이 제거되고 발아를 억제하는 화학물질도 분해된다. 게다가 배설물과 함께 나온 씨앗은 자연 비료 효과까지 누리게 된다. 이런 현상은 인도네시아의 루왁 커피 사례와 유사한 면이 있다. 사향고양이가 커피 열매를 먹고 배설한 씨앗으로 만든 커피가 특별한 향미를 갖는 것처럼 동물의 소화 과정은 씨앗에 긍정적인 변화를 가져다준다. 물론 가을 숲의 열매와 고급 커피는 목적이 다르지만 동물과 식물 사이의 상호 작용이라는 공통점을 보여준다.

누리장나무, 보리수, 산딸나무 열매

국립수목원 연구진의 조사에 따르면 새들이 옮긴 씨앗의 발아율은 자연 낙하한 씨앗보다 평균 30% 이상 높게 나타난다. 이는 동물을 통한 종자 분산이 얼마나 효과적인 전략인지를 보여주는 과학적 증거다. 산수유 열매를 먹은 직박구리는 5~10킬로미터 떨어진 곳에서 씨앗을 배출하며 때로는 예상치 못한 환경에서 새로운 군락이 형성되기도 한다.

꽃가루와 씨앗, 두 번의 대여정

숲 해설을 하면서 참가자들에게 동물과 식물의 차이점을 질문하면 대부분 비슷한 답변이 돌아온다. '동물은 자유롭게 이동할 수 있는데 식물은 움직이지 못하고 한 곳에서만 살아간다'는 것이다. 이는 겉으로 보기에는 맞는 말처럼 들린다. 실제로 나무나 풀은 뿌리를 땅에 내리고 한자리에 고정되어 있기 때문이다. 그러나 조금 더 깊이 들여다보면 식물도 나름의 방식으로 이동을 한다는 사실을 발견할 수 있다. 엄밀히 말하면 식물은 1년에 최소 두 번은 이동을 한다. 다만 우리 눈에 쉽게 띄지 않을 뿐이다.

첫 번째 이동은 꽃가루를 통한 정핵의 이동이다. 봄이 되면 식물들은 화려한 꽃을 피우고 향기를 풍기며 곤충들을 유혹한다. 벌과 나비 같은 곤충들이 꿀을 찾아 꽃을 찾아다니면서 자연스럽게 꽃가루를 몸에 묻혀 다른 꽃으로 옮겨 준다. 이는 식물 입장에서 보면 자신의 유전자 정보가 담긴 정핵을 멀리 보내는 이동인 셈이다. 바람을 이용한 꽃가루 이동도 마찬가지다. 소나무나 참나무 같은 나무들은 바람이 부는 봄철에 엄청난 양의 꽃가루를 공중에 날린다. 때로는 자동차나 건물이 노랗게 뒤덮일 정도로 많은 꽃가루가 바람을 타고 수십 킬로미터까지 이동한다. 이렇게 멀리 날아간 꽃가루 중 일부는 같은 종의 암꽃에 도달해 수정을 이루게 된다.

두 번째 이동은 씨앗이나 열매 형태로 이루어진다. 씨앗이 가벼울 경우 특수한 솜털, 날개 등으로 멀리멀리 떠나보낸다. 민들레는 솜털을 가진 씨앗을 만들어 바람에 날려 보고 단풍나무는 날개 달린 씨앗을 만들어 헬리콥

터처럼 빙글빙글 돌면서 멀리 퍼져 나가노록 한다. 도꼬마리나 도깨비비늘은 갈고리 모양의 가시가 달린 씨앗으로 동물의 털에 달라붙어 이동한다.

하지만 가장 일반적인 방법은 맛있는 열매를 만들어 새나 동물들에게 먹이로 유인해 보내는 방법이다. 이러한 전략을 위해 식물은 가을철 예쁘고 맛있는 빨간 열매를 만들어 낸다. 과일도 대표적인 사례이다. 과일이 덜 익었을 때는 색깔도 녹색 빛을 띠고 떫거나 신맛으로 맛이 없지만 씨앗이 완전히 영글게 되면 과일은 빛깔도 예쁘고 좋은 향을 뿜어내어 동물들을 유혹한다.

빨간 열매와 새들의 관계는 협력적 진화의 사례

찰스 다윈은 그의 저서 『종의 기원』에서 '자연에서는 가장 적응을 잘한 개체가 살아남는다'고 했지만 동시에 '상호 의존과 협력 또한 진화의 중요한 동력'이라고 강조했다. 빨간 열매와 새들의 관계는 바로 이러한 협력적 진화의 완벽한 사례다. 경쟁만이 자연의 법칙이 아니라 서로 돕는 관계 또한 생존에 필수적임을 보여준다. 생태학자들은 이러한 동물과 식물의 상호 작용을 '생태계 서비스'라는 개념으로 설명한다. 새들이 씨앗을 퍼뜨리는 행위는 숲의 다양성을 유지하고 생태계 안정성을 높이는 중요한 역할을 한다.

하버드 대학의 생물학자 에드워드 윌슨은 '생물다양성은 지구 생명체의 보험 정책'이라고 표현했다. 빨간 열매 하나가 만들어 내는 연쇄 반응이 전체 생태계의 건강성을 좌우할 수 있다는 의미다. 기후 변화가 가속화되는 현시대에 이러한 자연의 시스템은 더욱 중요해지고 있다. 환경부의 최근 조사에 따르면 도시화와 산업화로 인해 우리나라 자생 식물 중 15%가 멸종 위기에 처해 있다. 빨간 열매를 맺는 식물들이 사라지면 그것을 먹고 살던 새들의 생존도 위협받게 된다. 이는 결국 전체 생태계의 균형을 무너뜨리는 도미노 효과로 이어진다.

우리나라 전통 의학은 일찍이 빨간 열매의 가치를 인정했다. 산수유는 '천년의 보약'이라 불리며 면역력 강화와 항산화 효과가 뛰어난 것으로 알려져 있다. 산사나무 열매는 소화불량과 혈액순환 개선에 효과가 있다고 전해진다. 이는 식물이 동물을 유인하기 위해 열매에 풍부한 영양소를 담았다는 과학적 사실과 일치한다.

빨간 열매가 전하는 큰 메시지

빨간 열매 하나하나에는 식물의 생존을 위한 치열한 노력과 미래 세대를 향한 희망이 농축되어 있다. 이를 바라보는 것만으로도 우리는 삶의 의미와 목적을 되찾을 수 있다. 작은 열매가 품고 있는 강인한 생명력은 현대인들에게 역경을 견디고 극복할 수 있는 내적 힘을 불어넣어 준다. 식물은 자신은 움직이지 못하지만 꽃가루와 씨앗이라는 2가지 방법으로 끊임없이 이동시킨다. 이러한 이동을 통해 식물은 새로운 서식지를 개척하고 유전자 다양성을 확보하며 종족을 번영시켜 나간다.

가을 숲길에서 만나는 작고 붉은 열매 하나가 전하는 메시지는 생각보다 크고 깊다. 그 안에는 수백만 년에 걸쳐 축적된 생명의 지혜와 자연의 섭리 그리고 우리가 나아가야 할 방향에 대한 소중한 실마리가 담겨 있다. 산사나무 열매에서 발견되는 완벽한 영양과 균형 그리고 찔레꽃 열매가 보여주는 인내의 미학과 화살나무 열매가 상징하는 변화와 적응의 지혜까지 모든 것이 우리에게 깊은 울림을 준다.

오늘 가을 숲을 거닐며 붉은 열매들을 만나게 된다면 잠시 걸음을 멈추고 그 작은 보석들이 전하는 이야기에 귀를 기울여 보자. 그 속에서 우리는 생명의 신비로움과 자연의 지혜 그리고 서로 돕고 살아가는 공생의 아름다운 가치를 발견할 수 있을 것이다.

엉겅퀴꽃

원추리

앵초

가침박달